文 化 名 家 暨
"四个一批"人才作品文库
专门技术

江西大型历史遗存
保护研究

刘昌兵　著

中华书局

图书在版编目(CIP)数据

江西大型历史遗存保护研究/刘昌兵著. —北京:中华书局,
2018.10
(文化名家暨"四个一批"人才作品文库)
ISBN 978-7-101-13419-3

Ⅰ.江… Ⅱ.刘… Ⅲ.文化遗存(考古学)-保护-研究-江西
Ⅳ.K872.56

中国版本图书馆 CIP 数据核字(2018)第 203885 号

书　　名	江西大型历史遗存保护研究	
著　　者	刘昌兵	
丛 书 名	文化名家暨"四个一批"人才作品文库	
责任编辑	王贵彬　罗华彤	
装帧设计	毛　淳	
出版发行	中华书局	
	(北京市丰台区太平桥西里 38 号　100073)	
	http://www.zhbc.com.cn	
	E-mail:zhbc@ zhbc.com.cn	
印　　刷	北京瑞古冠中印刷厂	
版　　次	2018 年 10 月北京第 1 版	
	2018 年 10 月北京第 1 次印刷	
规　　格	开本/710×1000 毫米　1/16	
	印张 14¼　插页 4　字数 220 千字	
国际书号	ISBN 978-7-101-13419-3	
定　　价	150.00 元	

出　版　说　明

  实施文化名家暨"四个一批"人才工程，是宣传思想文化领域贯彻落实人才强国战略、提高建设社会主义先进文化能力的一项重大举措。这一工程着眼于对宣传思想文化领域的优秀高层次人才的培养和扶持，积极为他们创新创业和健康成长提供良好条件、营造良好环境，着力培养造就一批造诣高深、成就突出、影响广泛的宣传思想文化领军人才和名家大师。为集中展示文化名家暨"四个一批"人才的优秀成果，发挥其示范引导作用，文化名家暨"四个一批"人才工程领导小组决定编辑出版《文化名家暨"四个一批"人才作品文库》。《文库》主要收集出版文化名家暨"四个一批"人才的代表性作品和有关重要成果。《文库》出版将分期分批进行，采用统一标识、统一版式、统一封面设计陆续出版。

文化名家暨"四个一批"人才

工程领导小组办公室

2018年10月

刘昌兵

　　1968 年生，江西兴国人。现任江西省文化厅博物馆处处长，文博研究馆员，中国古陶瓷学会常务理事。历任景德镇陶瓷馆馆长、江西省文物保护中心主任兼省博物馆副馆长，江西省文化厅文物保护处处长、人事教育处处长等职。研究专长为江西文物古迹保护和中国陶瓷文明史，工作 28 年来一直从事文物保护和古代陶瓷研究。著有法文版《燃烧的辉煌——中国古代瓷器精华展》、俄文版《白色金子展》《景德镇市文物志》《景德镇江窑》等；发表论文《古代景德镇的瓷业城市历史和特点》《海外贸易影响下的景德镇瓷业》等 16 篇；执笔国家文物局文物保护课题"景德镇瓷业文化遗产体系保护和城市发展"研究报告编写工作，参与国家文物局文物保护课题"南方地区文物保护与水环境"研究工作；主持编写江西省内外重要文物保护工程设计规划 230 多例。2008 年获"文化部优秀专家"称号，2009 年获"全国文化先进工作者"称号，享受国务院颁发的政府特殊津贴。

目 录

第三篇　龙虎山仙水岩崖墓群保护规划研究

前　言

　　五千年中华文明夯实中华民族文化自信的根基,灿烂古代江西谱写了中华文明的绚丽篇章。江西商周时期即为"青铜王国",汉晋以来人文蔚然,唐宋后因其位居江南之西,行政区划冠名"江南西道""江南西路",因之得名江西,也称江右。京杭大运河—长江—鄱阳湖—赣江—大庾岭—珠江—广州总长3000多公里的黄金水道,是纵贯古代中国南北的交通大动脉,江西一省独占1000余公里水道,尤得其利,农业、手工业和商业发达。唐代王勃的千古名文《滕王阁序》以"物华天宝""人杰地灵"礼赞江西。唐代时,"舟船之盛,尽于江西",宋代吉州(今吉安)船场还曾创下年造1300多艘船的记录。江西在明代前期每年外输粮食达500万石、茶叶500万斤,均居全国之首。翦伯赞在《中国通史纲要》中总结出明代中叶江南五大手工业区,其中包含制瓷业的景德镇和造纸业的铅山,江西堪称中国古代最重要的手工业省份之一。明代浙江人王士性曾感叹:"故身不有技则口不糊,足不出外则技不售。惟江右尤甚。"由江西人宋应星撰写的《天工开物》,被誉为中国古代的"农业、手工业科技百科全书"。古代江西科举鼎盛,人文荟萃,文章节义之士灿若星辰。江西历代进士有一万多名,超过全国的十分之一;天师道教、万寿官以江西为祖庭,禅宗"一花五叶"和宋明理学均盛于江西。江西历史名人有东晋大诗人陶渊明,名列"唐宋八大家"的欧阳修、曾巩、王安石,其他还有晏殊、黄庭坚、陆九渊、杨万里、姜夔、文天祥、朱熹、马端临、解缙、谭纶、汤显祖、八大山人等。北宋欧阳修评价道:"区区彼江西,其产多材贤。"南宋嘉定年间太学博士李道传也曾感叹:"国朝文章之士,特盛于江西。"到明代,则是"朝士半江西"。近现代,江西更是革命斗争星火燎原、风起云涌的红色热土。文物承载历史,照亮现实和未来。盛誉千年、华彩厚重的历史人文赋予江西文物大省和革命文物强省的荣耀,江西保留了众多文物遗存,在全国具有重要的地位和影响。

文物保护工作是中国人民坚定文化自信,提高国家文化软实力的重要内涵和支撑之一。党的十八大以来,习近平总书记多次对文物工作作出重要指示,强调"文物承载灿烂文明,传承历史文化,维系民族精神,是老祖宗留给我们的宝贵遗产,是加强社会主义精神文明建设的深厚滋养。保护文物功在当代、利在千秋"。

让文物"活"起来,促进文物的合理利用,是文物工作的更高追求和有效途径。习近平总书记强调,"要系统梳理传统文化资源,让收藏在禁宫里的文物、陈列在广阔大地上的遗产、书写在古籍里的文字都活起来",要"切实加大文物保护力度,推进文物合理适度利用,使文物保护成果更多惠及人民群众"。习近平总书记指出,"历史文化是城市的灵魂,要像爱惜自己的生命一样保护好城市历史文化遗产"。以保护为主,加强对文物保护、发掘、阐释、展示的规划研究和规划实施,合理利用好文物,促进文物工作与经济、社会、生态发展的结合,与人民生活的融合,让文物"活"起来,是实现传承和弘扬中华优秀传统文化更为有效的途径。

文物保护规划和保护技术方法研究是文物保护利用的重要基础工作,也是促进文物合理利用,让"文物活起来"的重要支撑。规划和方法研究先行,谋定而后动,综合"辨证","对症下药",方能让"文物活起来"。

大型遗址、墓葬保护利用任务重大,应受到高度关注。历史遗产中,建筑群落等地上文物和遗址、墓葬等地下文物是重要组成部分。古代建筑群落,其形态及内容直观,空间功能可用,因其保护对象和范围明确,所以研究和利用程度较高,社会认知度亦较高,保护、利用、管理工作较易实施。而遗址、墓葬主要埋藏于地下,其地表面上甚至有现代建筑或生产活动占压,文物分布、埋深、形态、内涵等情况需要拆迁建筑或停止生产活动,通过考古发掘、揭示、研究宣传等一系列措施才能形成价值评判和社会认知度;地下文物的保护还经常与城乡建设、旅游开发等工程"不期而遇",保护、利用、管理工作往往不易实施,面临显著困难和压力,地下文物甚至有被破坏或盗掘的风险,应给予其高度关注。地下大型遗址、墓葬往往价值重要、保护利用意义重大,更应作为重中之重。以御窑瓷为代表的景德镇制瓷业深刻地影响了世界，闪耀着精致审美、创新风范和工匠精神，是中华文明重要象征之一；宜黄县明代抗倭主将谭纶是千百年来中华民族英勇善战、战胜外敌的代表人物之一；龙虎山仙水岩崖墓群是中国人崇尚自然、天人合一价值观念，与神奇文化景观和"美丽中国"愿景的重要体现。御窑厂遗址、谭纶墓和仙水岩崖墓群闻名于世，文物价值以及文化和社会取向引领价值重大，是 2000 年以后国家新公布的全国重点文物保护单位中江西大型古代文物遗存的代表，认真研究其文物保护规划和保护技术方法，显得紧迫和意义重要。

　　做好御窑厂遗址、谭纶墓和仙水岩崖墓群保护利用分类研究十分必要。从城乡地理环境分布和所在地建设开发强度上，大型遗址或墓葬主要分为城市中心区类型、乡村地区类型、旅游景区类型，各类型均有保护、利用、管理工作不易实施的共性，同时面临各自不同的情况，需要分类研究和施策。分别位于城市中心区、乡村地区和旅游景区的御窑厂遗址、谭纶墓和仙水岩崖墓群，其文物保护规划和保护技术方法研究的原则和思路，均体现《中华人民共和国文物保护法》《中国文物古迹保护准则》《全国重点文物保护单位保护规划编制要求》《文物保护工程设计文件编制深度要求（试行）》等法规、标准的统一要求，同时各自成篇，针对具体保护问题的解决方案进行研究。御窑厂遗址保护工作成绩可圈可点，本体和周边环境得到有效保护和较大改善，但遗址与城市人口聚集区高度重叠，面临城市中心区建设和发展的持续挑战；谭纶墓远离城区，"芳草寂寞"、维护不足；仙水岩崖墓群则面临旅游开发高涨、保护压力增大而保护力度不够的形势。御窑厂遗址公园被列入全国重点建设的国家 150 处考古遗址公园计划，其规划研究注重保护为主、合理利用并重，坚持拆除和停止干扰遗址的城市建设项目，科学设计历史城区基础设施、城市空间和展示项目，其成果对中等规模以上城市中心区建设好遗址公园具有借鉴作用。谭纶墓保护技术研究突出保护为主，查找病害问题关键，深化、细化解决方案，对基层乡村加强文物的日常保护提供实例参考。仙水岩崖墓群保护规划研究侧重在文物合理利用中加强保护，寻找全面、整体解决病害问题的方法，希望对探索在旅游景区开发持续高涨形势下如何统筹协调文物保护利用，防止保护、利用关系倒置和过度利用，更好地实现保用结合、互为促进，具有一定的启示作用。

第一篇　景德镇御窑厂考古遗址公园规划研究

"十二五"期间,国家考古遗址公园的研究和建设是全国文物界的一项重要工作和热门话题。瓷都景德镇陶瓷文化遗产丰富独特,闻名世界,景德镇御窑厂考古遗址公园也列入了"十二五"期间全国重点建设的国家150处考古遗址公园计划。2009年,宿白、谢辰生、耿宝昌等著名文物专家为全面做好御窑厂遗址的保护和利用,曾就此问题向国家提出书面建议。2002年至2005年,笔者曾在景德镇陶瓷馆担任馆长。2010年1月笔者受景德镇市文化局(文物局)的委托,满怀责任和情感,携有关人员对景德镇御窑厂遗址进行了现场实地调查,并对其考古遗址公园规划研究(2011年—2015年)做了深入思考。2012年以来,景德镇市文化文物主管部门在上级文化文物主管部门、江西省文物保护中心和清华大学、北京大学、陕西省等勘察设计单位的技术支持下,完善理念和举措,努力推动御窑厂考古遗址公园建设,取得了文物保护利用与城市发展双赢的良好效果,地下遗址"活起来"了,并获得了广泛赞誉。

第一章
御窑厂遗址价值评估

依托重要历史遗存建设国家考古遗址公园必须符合"遗址的历史、科学、艺术价值重大,在全国范围内具有突出代表性""遗址的考古调查、发掘、资料整理、研究等工作已经开展并取得如发掘简报、发掘报告、资料汇编等系列成果"和"遗址的物理构造或重要特征保存完好"①等条件。景德镇明清御窑厂遗址价值极其重大,考古成果丰富,已出土遗址保存较好,符合建设国家考古遗址公园条件。

一、御窑厂遗址概述

1. 御窑厂的历史

瓷都景德镇是中国最具特色的历史名城之一,是国务院首批公布的全国24个历史文化名城之一,作为景德镇象征的明清御窑厂更是闻名中外。景德镇明清御窑厂遗址在宋元时期即为瓷业生产区。景德镇御窑设立于明洪武二年(1369年),终于清宣统三年(1911年),是明清皇家制瓷窑场,明称御器厂,清改称御窑厂。在长达500多年的时间里,景德镇御窑一直为明清皇宫生产瓷器,历经多次破坏和重修。明清御窑厂分布在以珠山为中心的景德镇闹市,其规模、布局、形态既见于清康熙《浮梁县志》和嘉庆《景德镇陶录》等文献中,也见于首都博物馆藏清道光青花御窑厂图桌面、故宫博物院藏清御窑厂图瓶等文物。御窑厂邻近瓷都主要对外运输通道——昌江河

① 国家文物局编:《国家考古遗址公园评定细则(试行)》,2009年。

的东岸,背倚小丘陵"珠山"。明清景德镇围绕御窑厂之东西南北形成热闹的商业街和居住区格局,即厂西为东西走向密集弄巷、码头和南北走向的"前街"(今中山路),厂东为"后街"(今中华路)。

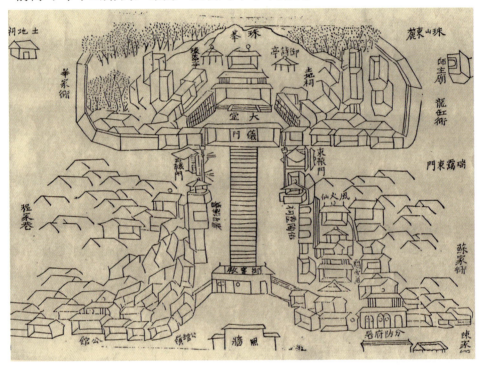

图 1-1　清嘉庆《景德镇陶录》所记御窑厂图

2. 御窑厂建筑的历史演变

御窑厂坐北朝南,呈南北向分布。除官署、大门、仪门等官署建筑和东西库房外,分别设有二十一作和二十三作,即不同的生产区。历经清朝灭亡和近现代的建设,昔日窑厂的所有地面建筑如官署、作坊等均已不复存在。清末、民初,御窑厂的最北部,改建成为江西瓷业公司厂房和门市,而后成为建国瓷厂、门市和其他建筑。民国中后期及中华人民共和国成立以来,御窑厂的大部分(中部和南部)先后成为浮梁县政府和景德镇市政府办公机构、宿舍楼和商业长廊所在地,御窑厂遗址几乎全部被当代建筑占压。但御窑厂地下埋藏遗迹遗物丰富,其周边历史环境格局和风貌基本保留。

二、御窑厂遗址的历史、科学、艺术和社会价值

1. 御窑厂是闻名世界的古代皇家制瓷手工业作坊的典范，其存在时间之长、规模之大、影响之大，在中国和世界制瓷史上都是独一无二的。

御窑厂是中国古代官营手工业的杰出代表以及中华文明崇尚品质、追求至精至美、长期领先世界的重要历史见证，是景德镇瓷都地位与价值的核心所在和中华陶瓷文明的核心载体，堪称古代中国和古代世界的伟大发明创造。

图1-2 首都博物馆藏清道光青花御窑厂图桌面

2. 御窑厂是中国古代手工业文明的重要见证

御窑厂是中国古代中央集权体制下高投入、高档次、分工化、精细化、规模化的官办工场生产方式的典范，是帝王意趣、宫廷艺术与制瓷技艺全面深入结合的结晶，开创了官办工场生产机构与地方行政官署合二为一以及"官搭民烧"的特殊管理体制。御窑厂不仅是皇家制瓷机构，也一度作为景德镇的行政管理机构，提高了制瓷业地位和生产效率。同时，御窑厂分工化、精细化管理和"官搭民烧"等制度深深影响和促进了景德镇以及全国民窑制瓷技艺水平的提高。

图1-3 清道光青花御窑厂图（御窑厂大门）

3. 御窑厂遗址是古代独特手工业城市发展的重要见证

景德镇是国务院公布的第一批24个国家历史文化名城之一,是中国历史文化名城中最具个性价值的城市之一。御窑厂的形成、发展,是景德镇城市形成、发展的重要基础和核心内容,因此,御窑厂是景德镇"城市之本""城市之魂"。五代、宋、元时期的景德镇是村村窑火的小集镇。明清时期御窑厂的出现促成了景德镇由集镇向城市转变:镇内窑房林立,沿窑成市,尤其沿御窑成主要街市,成就了景德镇由市镇到城市的飞跃,成就了今天景德镇城市的基本格局,对景德镇城市发展产生极为深远的影响。御窑厂遗址区西侧为景德镇的母亲之河——昌江,昌江是明清时期景德镇制瓷原料及燃料产地、物资产品重要的运输交通线。御窑厂遗址周边仍保留着前街、后街等大片历史街区,其中分布着全国重点文物保护单位明代住宅祥集弄民居、市级文物保护单位明代住宅新当铺弄民居以及大量清至民国时期的民居、民窑、作坊、商铺、公馆等文物建筑。昌江、前街、后街作为景德镇历史文化名城街区格局的重要组成部分,体现了明清民窑作坊簇拥御窑厂发展的面貌,述说了景德镇瓷业"官搭民烧""官民竞市"的故事,见证了景德镇瓷业及城市以御窑厂为中心发展的历史。

4. 御窑厂是中国古代制瓷业科学技术发展的重要实证之一,反映了古代中国和古代世界生产技术的伟大创新,具有重大科学价值

"过手七十二"方可成器,文献记载和御窑厂地下出土遗迹展现了明清时期严密的瓷器生产工序、高超的制瓷技术。14至18世纪,御窑厂的制瓷业科学技术水平,如窑炉之丰富、选料之精细、工艺之精湛、烧造之精良,堪为当时中国和世界之最。御窑厂创制了葫芦窑、龙缸窑、青花五彩、祭红釉、厂官釉、玲珑瓷、粉彩、斗彩、墨彩、珐琅彩等许多著名窑型和瓷器装饰、烧造技艺,为世人叹为观止。

5. 御窑厂是中国古代工艺美术高度发展的实证,有重要的艺术价值

御窑厂生产的数千万件宫廷瓷和外交赏礼瓷精美无比,甚至一批未向宫中交运的试制品也同样精美无比,其造型、釉色、彩绘、图案和意境均艺压群芳。在中外各大博物馆瓷器收藏中,以景德镇明清御窑瓷器最为美丽和珍贵。御窑厂遗址埋藏的无数瓷器是一座巨大的艺术宝库,近三十年来仅御窑厂遗址局部区域就出土了大量精美的、可供复原的瓷器残片,轰动中外。

6. 御窑厂具有重大的全行业社会影响力

瓷器是古代中国的伟大发明,景德镇号称瓷都,中国以瓷国著称,China代表中国,也是瓷器的英译,而御窑厂集制瓷业之大成,成就了中国瓷业的核心。500多年的漫长时间里,大量御窑瓷器或随郑和下西洋,或作为明清朝廷对来华外国使团的赏赐品,行走天下、誉满全球,深深地印刻在中国和世界历史中。500多年的历史画卷上,御窑厂描绘了世界瓷都的辉煌,展现了古代瓷业高峰的无限风光。500多年的历史星空中,御窑厂细致分工的生产方式、精益求精的工匠精神以及高贵典雅的审美追求和博采众长的创新风范,闪耀中国制瓷业乃至中国手工业文明最灿烂的华光。御窑厂荟萃古代中国瓷器、瓷业、瓷都之精华,对于当前和未来国内陶瓷行业创新,对于旅游产业发展和文化传承传播,对于中华民族品牌振兴,具有重要的借鉴意义和促进文化自信的价值。

第二章
御窑厂遗址现状评估

一、御窑厂遗址的现状

御窑厂作为大规模的生产和官署机构,历经明清两代和民国时期沧桑巨变,其众多遗迹仍保留于世,包括大量历史遗迹和遗物,以及御窑厂周边较大范围的历史格局和基本真实的历史风貌氛围。御窑厂遗址的内涵构成暨御窑厂遗址保护对象,以御窑厂历史遗存为主,还包括与历史遗存紧密相关的人文和自然环境。御窑厂历史遗存包括已发掘和未发掘的明清时期御窑厂生产性遗迹作坊、窑炉、古井,已出土和仍埋藏的御窑瓷器及窑业工具等,官署建筑、道路、围墙、古树,以及与御窑紧密相关的元代官窑遗迹和其他宋元遗存等。御窑厂人文和自然环境包括遗址周边历史街区、昌江以及御窑厂生产工艺、生产方式和精神传统等非物质文化遗产。

1. 御窑厂遗址分布范围

成书于清嘉庆年间（1796—1820）的《景德镇陶录》,描绘了清中期的御窑厂格局和建筑。"厂跨珠山,周围约三里许。中为大堂,堂后为轩,为寝。寝北有小阜,即珠山所由名,旧建亭其上。堂两旁为东西序,又东迤南各有门。又东为官署、为东西库房、为仪门、为鼓亭、为督工亭、为狱房,今废。为陶务作廿有三:曰大器作、曰小器作、曰仿古作、曰雕镶作、曰印作、曰画作、曰创新作、曰锥龙作、曰写字作、曰色彩作、曰漆作、曰匣作、曰染作、曰泥水作、曰大木作、曰小木作、曰船作、曰铁作、曰竹作、曰索作、曰桶作、曰东碓作、曰西碓。为窑式六:曰青窑、曰龙缸窑、曰风火窑、曰色窑（烧炼颜色者）、曰爁熿窑（窑制厂坯上釉大小不一,用火爁烘有漏釉者,再上釉入窑烧、曰匣窑

彭家弄传统窑房
作坊、居住区

清代师主庙遗迹区

珠山北麓生产区
遗迹暨2号保护房

新建仿古龙珠阁内
展示遗址出土文物

历史街区

重点保护区

珠山以南生产区
遗迹暨1号保护房

明代古井

新建仿古御窑厂
大门及大门广场

重点保护区

已考古发掘、
展示的遗迹

2009年已拆迁
厂房住宅区

即将拆迁
的住宅区

彭家弄传统窑
作坊、居住区

清代师主庙
遗址区

御窑厂大门
及大门广场

图 1-4 2010 年御窑厂遗址考古发掘展示区域分布

（厂匣皆先空烧，再装坯烧）。又前后甃井二，柴房二，窑役歇房二。厂内神司三：曰佑陶灵祠、曰真武殿、曰关帝庙。厂外神祠一：曰师主庙。厂之西为公馆，东为饶九南巡道行署（今饶州府同知署）。头门外树屏墙一，有东西二甬通市街。桂按《邑志》：厂大堂旧题曰秉成。仪门外为厂场，左右四门，东曰熙春，旋改为迎曦，南曰阜安，西曰澄川，北曰待诏。又阜安门外有秉节制坊。珠山上有朝天阁，有冰立堂，有环翠亭。今并改替，惟厂署规制如旧，环翠亭犹存。"①。

根据考古调查、发掘和文献研究成果,确定了御窑厂遗址及其周边人文自然环境分布范围。御窑厂遗址,东至中华北路道路西侧线含东邻的师主庙遗迹,南至珠山中路道路北侧线,西至东司岭道路西侧线以西25米、珠山南侧遗址区外墙以西25米一线,北至斗富弄南侧线,总面积约5.3万平方米。明代御窑厂格局大体分为作坊区、官署区及相关的附属功能区。清代御窑厂和明代御器厂格局基本一致,总面积略小,西界、北界较明代御器厂略有收缩,主要区域叠压明代御器厂。御窑厂遗址周边人文自然环境范围是,东至东司岭,南至珠山大桥以南200米、麻石弄一线,西至昌江西侧沿江西路东侧一线,北至浮桥南侧,总占地面积约80.8万平方米。

2. 御窑厂遗址本体保护现状

御窑厂在清末成为官商合办的瓷厂,中华人民共和国成立后为市政府机关办公楼、机关住宅楼、商业店面和建国瓷厂厂房等所在地,地面历史建筑基本不存,遗址浅层大多被现代建筑所扰乱。2002年以前,遗址内居民多达400多户,占压遗址面积一度达4万多平方米,几乎是御窑厂遗址面积的80%。部分地下遗址在20世纪90年代后期至2002年被盗掘所破坏。20世纪80年代至2000年,景德镇市陶瓷考古研究所、省文物考古研究所配合基本建设,对御窑厂遗址上相关区域进行了多次抢救性清理、发掘和回填保护,考古成果闻名中外。经抢救性清理、发掘和回填的遗址面积为2000多平方米。

御窑厂遗址于1983年被列入第一批景德镇市文物保护单位,2006被公布为第六批全国重点文物保护单位,2007年被列为国家重点支持的100项大遗址保护项目之一。2002年至2010年,在江西省、景德镇市等各级党委政府和各级文物主管单位的支持下,对遗址的拆迁、考古、研究、保护、管理、展示取得了一定进展。2002年,景德镇市政府迁出遗址区,正式拉开了遗址全面保护工作的序幕。2002年至2006年,北京大学、江西省文物考古研究所、景德镇陶瓷考古研究所等单位联合对拆除建筑的地点进行了科学考古发掘,揭示了部分遗址,并建设了保护房。但在2012年之前,御窑厂遗址大

---

① 〔清〕蓝浦:《景德镇陶录》卷一《图说·御窑厂》,嘉庆二十年异经堂刻本。

量重要遗迹仍处于被当代建筑占压状态,导致这些遗迹区域无法进行考古工作,遗址的建筑拆迁、考古、研究、保护、管理、展示和利用仍面临较大的困难和问题。之后,景德镇市委市政府加大保护力度,将御窑厂遗址分布范围划定为御窑厂遗址保护范围,将御窑厂遗址周边人文和自然环境分布范围划定为御窑厂遗址的建设控制地带和环境风貌协调区。

2012 年之前,御窑厂遗址按照文物的保存现状可分为四大类:已科学发掘、原状展示保护的遗址,已抢救发掘、回填保护的遗址,被当代建筑占压、未发掘保护的遗址,以及众多的出土文物。

占压遗址建筑的拆迁,以及遗址的考古、研究、保护、管理、展示主要成果如下。

第一,拆迁了大量占压遗址的当代建筑,为文物考古、研究、保护和展示创造了前提。2002 年以来,在遗址上拆迁了占压遗址 3 万平方米的当代建筑,其面积约为占压遗址建筑的 75%。2003 年拆迁了原占压遗址区的景德镇市政府大楼、市政府机关食堂、法院住宅楼、建国瓷厂厂房。短期内完成龙珠阁西侧御窑遗址拆迁面积 8320 平方米、龙珠阁南侧拆迁面积 600 平方米、御窑遗址原政府大院内拆迁面积 1200 平方米。

第二,御窑厂遗址考古调查、发掘保护工作取得重要成果,揭示了一些重要遗迹、遗物和历史信息。

一是证实了遗址区南门内中轴路东侧明代古井是仅存的明代御窑(器)厂地面构筑物,设立了古井保护亭。据明隆庆年间(1567—1572)管理御窑(器)厂的南康通判徐乾学的《陶政录》可知,该井为御窑器厂南门内之井甃,是判断御窑厂南界位置的重要依据。

二是配合基本建设的抢救性清理、发掘,出土了大量以元明时期为主的瓷器(残片)等文物,回填了部分临时揭示的遗迹。1982 年至 2000 年,景德镇市陶瓷考古研究所配合市政建设对御窑遗址中多处地点共约 2000 平方米区域进行了多次抢救性清理、发掘和回填。尽管是小面积的抢救性发掘、清理,但获得元、明、清的落选御用瓷器碎片有十数吨之多,若干亿片,证明御窑厂遗址的内涵是极其丰富的,并发现宋代、元代和明代早期、中期的地层堆积保存较好(明后期至清代的地层多被扰乱或移动),真实性较好。抢救性清理、发掘的位置:中华北路东门头一带、珠山中路北侧临近御窑厂一带、珠山龙珠阁一带及东司岭一带地区,出土文物年代贯穿元末、明代至清代。1988 年,曾在东司岭原珠山派出所处发掘出土正统时期大缸 20 口, 1997 年在东司岭以西二十米铺设管道时发现横切马路的匣钵砌筑墙体,为明代御窑厂的西界。但此时期的考古工作因让步于基本建设,对遗迹多采取了回填措施。

三是对部分当代建筑拆除地点进行了科学发掘,出土和保护了大量以明代为主的瓷器(残片)和明代窑炉遗迹。2002 年至 2005 年,经国家文物局批准,北京大学考古文博学院、江西省文物考古研究所、景德镇市陶瓷考古研究所联合组成考古队,先后三次对御窑厂遗址珠山北麓遗迹、珠山南侧明代御窑遗迹进行了较大规模的考古发掘,发掘总面积达 1578 平方米。先后发掘出了明代御窑(器)厂的部分围墙、院墙、窑炉遗迹,一批掩埋落选御用瓷器堆积遗迹,同时出土了大量瓷器残片、窑具等文物。

珠山北麓遗迹。该遗址区位于珠山北麓、御窑厂遗址区东北部,原址为 2001 年倒塌的建国瓷厂厂房及 2003 年拆除的两栋居民楼,总发掘面积 818 平方米,呈东宽西窄、东西略长的梯形分布。该遗址内已揭露的遗迹年代为明代早、中期,主要有:房屋建筑遗迹、墙体遗迹、窑炉遗迹及堆积遗迹,堆积遗迹包括小堆积坑、片状堆积。"2004 年在珠山北麓发现的明代初期的葫芦形窑炉、院落等遗迹说明,明代初年(洪武至永乐时期)珠山北麓是御器厂烧造和活动的主要区域"[①],这批遗迹、遗物,对研究明代御窑(器)厂的范围、布局、产品特征、制作工艺、管理制度,复原御窑(器)厂的生产面貌等,提供了宝贵的实物资料。

珠山南侧遗迹位于御窑厂遗址区中南部西侧,总面积约 760 平方米,呈东西略窄的长方形分布。通过 2004 年 9 月至 2005 年 1 月的考古发掘工作,已揭露的主要遗迹有:墙体遗迹、窑炉遗迹及堆积遗迹,堆积遗迹包括小堆积坑、片状堆积及小型片状堆积。该遗址区主要遗迹为明代御窑(器)厂遗址的重要组成部分,年代为明代早、中期。一系列考古成果研究证实:御窑厂清代和明代晚期遗址和瓷器遗存地层受到民国和当代施加的干扰,破坏较大,埋藏较深的宋元至明代中期以前的地层受干扰破坏较轻,真实性、完整性较好。珠山北麓遗址和珠山南侧遗址现已建保护房,基本实现了对已发掘文物

---

①　北京大学考古文博学院等:《江西景德镇市明清御窑遗址2004年的发掘》,《考古》2005年第7期。

图 1-5　2004 年出土 6 号窑炉遗迹

图 1-6　2004 年出土 14 号窑炉遗迹

的保护。近三十年来,御窑厂遗址出土遗物相当丰富,主要保存于景德镇市陶瓷考古研究所（景德镇官窑博物馆）,有瓷器、窑具、制瓷工具等,其中以御窑瓷器为大宗,主要是明代早中期烧造的,由烧成过程中产生的废品和落选御品两部分组成。出土的元、明、清的落选御用瓷器碎片有十数吨之多、若干亿片,已修复成器的有三千多件,其中珍贵文物有一千多件。

第三,打击了偷挖盗掘,加强了安全防卫,遏制了偷挖盗掘现象。景德镇市针对一度猖獗的偷挖盗掘行为进行了严厉的打击。1999年以来主管部门安排专门巡防队对御窑厂遗址日夜巡逻保护,取得成效。

第四,遗址本体展示取得了重要成果。已揭露的明代古井、珠山南侧遗迹、珠山北麓遗迹等实行了原状展示。2002年市政府迁出遗址之后,对遗址区南门地带进行了整治建设,形成了临街的御窑厂大门及门前广场,整治了御窑厂大门到复建景观建筑龙珠阁区域的环境,建设了游步道、古戏台、佑陶灵祠、景观灯柱、御窑工艺博物馆等,进行了环境绿化,观众日益增多。龙珠阁作为御窑厂遗址区的重要组成部分,已经形成了较为良好的区域景观环境。龙珠阁内景德镇市陶瓷考古研究所布置了出土文物修复成果陈列,多次组织出境出国展览,学术研究著作成果丰富,彰显了御窑厂历史风采,并在中外学术界引起了良好反响。遗址内御窑工艺博物馆陈列等辅助性展示也取得了较好效果。

图 1-7 御窑出土明永乐青花爵

第五,遗址管理工作取得了重要成果。2000 年以后,遗址分布区域的管理权由市政府办公室移交景德镇市文物局。2003 年以来,御窑厂遗址的"四有"管理取得进展,御窑厂遗址保护规划已经国家文物局同意并由江西省人民政府批准。设立专门机构对遗址进行管理。2004 年成立了隶属市文物局的御窑遗址保护项目部,2007 年成立了隶属市文物局的御窑遗址拆迁办公室,2010 年 3 月成立了"御窑遗址管理处",专门负责御窑厂遗址保护、拆迁、发掘、展示、建设环境整治管理。树立了保护标志说明,建立了记录档案。划定并由省政府批准公布了保护范围和建设控制地带,保护范围即遗址公布范围,与文献记载的御窑厂范围基本吻合,总面积为 5.3 万平方米,建设控制地带(不含保护范围)80.8 万平方米。保护范围为,东至中华北路道路中心线,南至珠山中路道路中心线,西至东司岭以西 20 米一线,北至斗富弄道路中心线。建设控制地带为,东至中华北路道路中心线以东 50 米,南至珠山中路道路中心线以南 50米,西至中山北路道路中心线以西 50 米,北至斗富弄、风景路以北。

图 1-8　永乐红釉瑞果纹盖盒(2003 年出土于珠山北麓)

3. 御窑厂遗址人文和自然环境现状

御窑厂是中国古代手工业追求精美品质和细致分工、紧密协作精神的典范,其生产工艺、生产方式包括传统工匠群体是中国制瓷业、中国制造业乃至中华文化重要的优秀非物质文化遗产。虽历尽沧桑,景德镇一些国有企业、民间作坊的老艺人群体,仍保留了御窑厂的某些传统生产工艺、生产方式和精神传统。

御窑厂历史街区和历史建筑保留了较完整的御窑厂周边环境历史格局、历史风貌，体现了民间工商业、制瓷业与御窑厂的内在联系。御窑厂遗址周边整体保存了明清时期景德镇的民窑作坊、住宅、商铺等建筑所组成的历史街区。至今，这些历史街区的地形地貌、格局走向、街道尺度、路面材质、街巷名称以及两旁建筑的总体风貌基本维持了原状，并且延续着其大部分使用功能。在御窑厂遗址周边的历史街区内，尚存有大量能够反映当地传统建筑风格，体现景德镇传统瓷业特色的具有历史、科学或艺术价值的历史建筑。其中，部分重要历史建筑已经被列为国家、省和市级文物保护单位；尚未被列入各级文物保护单位的，它们原多为民居、民间瓷业作坊、会馆、商铺等，现大部分作为民居、商铺使用。御窑厂西侧的历史街区中有全国重点文物保护单位——祥集弄民宅，四周有大面积的保存较好的历史街区和历史建筑。昌江基本保持了作为御窑厂对外联系主要通道的历史风貌。昌江是流经景德镇境内最主要的江河水道，水量充足，长年可通航，是伴随景德镇明清御窑厂发展的主要自然历史环境要素，是古代景德镇与外界往来的重要通道，明清御窑厂依靠昌江及其支流运进制瓷原料、燃料，运出瓷器。

景德镇市对御窑厂遗址人文自然环境的保护取得了显著成果。城市总体规划已经国务院批准，御窑遗址保护规划2008年已经国家文物局同意、江西省人民政府批准。在景德镇城市总体规划、景德镇老城区保护整治更新规划和遗址保护规划中，明确了在以御窑厂遗址为中心的老城区，要保护好瓷业历史文化内涵和风貌的主战略和总体布局，将御窑厂遗址及周边确定为景德镇重点历史文化保护区，进行整体保护、建设控制和风貌协调。市政府相关部门已在中山路历史街区完成了仿古步行街建设，在一定程度上延续了历史风貌。文物主管部门对全国重点文物保护单位祥集弄民宅等重点文物建筑进行了保护、修缮。

景德镇范围内与御窑厂遗址紧密关联的历史文化资源较为丰富。遗址东北方向有莲花塘风景区、景德镇陶瓷博物馆、陶瓷大世界，东南方向有金昌利陶瓷市场、国贸陶瓷广场、景德镇雕塑瓷厂、景德镇陶瓷学院、全国重点文物保护单位湖田古窑址、三宝蓬国际陶艺村，西北方向有三闾庙历史街区、中国陶瓷城，西南方向有著名的景德镇古窑民俗陶瓷博览区、全国中小学生陶艺教育基地，东北方向远郊区地段有省级文物保护单位宋代红塔、清代浮梁县衙和全国重点文物保护单位高岭瓷土矿遗址等。

4. 御窑厂遗址及周边用地现状

遗址地处老城区闹市中心,地块分割细碎,地价较高,周边土地利用情况较为复杂,重点保护区内大部分(原市政府大院围墙内)土地已明确调整为文物保护用地、风景游览用地和绿地,但遗址西南侧仍有近万平方米土地被商住和办公等各类建筑占用。遗址建设控制地带内从御窑厂遗址本体边界至昌江的历史街区,土地利用性质主要为居住、商业、文化、旅游、宗教、绿地和道路用地,广场用地较少;御窑厂北部彭家弄主要为居住用地,无绿地;御窑厂以东建设控制地带以居住、商业、旅游用地为主。

二、御窑厂遗址本体主要问题评估

截至 2011 年,由于大量建筑仍占压遗址,造成考古、保护、管理的困难和问题,导致展示工作无法科学和大规模开展,展示内容、形式与御窑厂潜在巨大效益不相称。

图 1-9　2010 年御窑厂遗址西边占压建筑

1. 现代建筑占压遗址

遗址本体保护面临的最为主要和紧迫的问题是现代建筑占压遗址及以占压遗址建筑为载体的大规模商住活动,破坏了遗址的真实性、完整性和可持续性。

一是占压建筑数量较多,面积较大。市政府主要办公机构已于2003年迁出遗址,但占压遗址总面积仍有9000多平方米,主要有市文化局办公大楼、御窑厂大门前停车场、东侧机关单位花台草坛、御窑厂大门两侧一带商住楼、商店和东界商店长廊等,有居民200多户,商户近百家。被当代建筑占压、未发掘保护的遗迹,主要包括:御窑厂大部分官署建筑遗迹(照壁、大门、甬道、仪门、大堂、东西辕门等)、御窑厂部分生产区遗迹(厂墙、大部分作坊)、御窑厂东西库房遗迹、珠山遗址、佑陶灵祠遗迹、师主庙建筑遗迹及元代官窑遗迹等。

二是当代建筑占压遗址不仅破坏了御窑厂本体历史格局和历史风貌,破坏了御窑厂与周边历史街区格局、风貌的协调,更导致了对文物本体的损害。大量当代建筑占压遗址,导致大部分地下遗存因建设、改造,受到了不同程度的损坏。与占压遗址建筑配套的地下市政管网建设,直接破坏地下遗址。

三是当代建筑及商业活动占压遗址,阻碍考古调查、勘探、发掘、研究、保护和展示工作。历年科学发掘、展示的遗址面积合计不超过2000平方米,不及遗迹遗址区总面积的4%,已经历年抢救性发掘回填的遗址面积合计仅2000平方米,并被建筑占压。虽发掘展示了明代窑炉作坊,但大部分遗迹的勘探、发掘、研究、展示无法进行。生产性遗址如东西库房、二十三处瓷业作坊的大部分和一些窑炉的遗迹被占压。明代和清前期的十八处官署性建筑、四处祭庙建筑和四处后苑园景建筑的遗迹,大部分被占压。被占压的建筑,如大堂、轩堂、后寝、东西厢、官署、仪门、仪门前场、熙春门、阜安、澄川、待诏、秉节坊鼓亭、督工亭、狱房、公馆、饶九南巡道行署、照墙、大门外东西甬道,如佑陶灵祠、真武殿、关帝庙、师主庙,如朝天阁、冰立堂、环翠亭、御诗亭等。遗址北部的元代官窑遗迹,也被近现代民居所占压。

四是当代建筑占压遗址,客观上为地下盗掘提供了掩护。

五是占压遗址的住宅楼、办公楼、商店产生的生活垃圾、污水排放对遗址产生一定的环境危害。

六是对地下文物和馆藏出土文物的安全防范措施不足。御窑厂遗址区内各类文物埋藏丰富，相关部门已经采取了一定的防范措施，但因经费不足，遗址防盗技术设备设施不完善。博物馆、出土文物库房等出土文物存放地点也需加强安防工作。

七是部分已揭示的重要遗存土体或砌体失稳。如珠山北麓遗址区主要的窑炉、建筑、墙体、堆积等砖、石、土质遗存未做载体加固。

2. 遗址保护房、仿古景观建筑设计不合理

一是两处保护房部分设计存在缺陷。现有两处保护房仅局限于保护功能，未注重展示功能，展示方法单一，缺乏地层剖面展示、多媒体展示和其他科技手段展示，不利于遗迹保护。珠山南侧 1 号保护房屋面防雨设计存在缺陷，导致大雨、暴雨对局部遗迹的冲刷和渗漏侵害。珠山北麓保护房（2号保护房）部分展陈设计打破了遗址的整体性，条石游步道部分展示工程不可逆，占压了遗址本体，并对文化堆积造成了扰乱；同时，其过于高大的屋面遮挡了珠山与遗址区东侧、北侧之间的部分视野，有损珠山山体的整体景观风貌。

二是对新建仿古景观建筑设计研究不足，不利于展示地下遗迹本体的真实性和完整性，不利于御窑厂价值再现。御窑厂大门未能在原址重建，原址在其南侧 15—30 米处，并且现大门风格与历史原状有所出入，石质仿古甬道、游步道铺设面积过大，占据了部分官署建筑和生产性遗迹。

三是东辕门内混凝土地面停车场、复建戏台、复建佑陶灵祠、复建龙珠阁等占据了部分官署建筑和生产性遗迹。1990 年建成的龙珠阁，未依明至清前期珠山朝天阁风格，而依晚清民国时珠山龙珠阁仿建，体量、高度远大于历史原状，其基础直接落于遗迹上，占据了珠山山丘中心部位遗迹。

3. 遗址出土的可移动文物保存条件有限

遗址出土文物数量极大，文物库房和修复设备远不能满足要求，文物分散于龙珠阁、祥集弄景德镇市陶瓷考古研究所等多处保管，不利于文物的集中统一保存和文物修复工作。

4. 御窑厂遗址保护经费投入和学术机制面临问题

对拆迁、考古、保护展示的经费投入不足，人才队伍建设跟不上发展趋势；动员社会企业参与遗址保护利用的宣传、投资、共享成果的创新机制尚未

建立;内部学术管理机制尚未实施,重大学术课题如指南针计划、国家社科基金、国家文物保护课题的申报管理机制尚未形成。

表 1-1　环境人为破坏因素评估

人为破坏因素	破坏程度	破坏因素
建筑风貌不协调	一般	临近遗址区、历史街区及周边地区现存大量办公楼、居民楼、商铺等现代建筑,破坏了御窑厂周边原有的景观环境。斗富弄(风景路)沿线商品住宅改造工程对临近的珠山北麓遗迹区的环境造成了侵扰。
生活垃圾	一般	历史街区及昌江周边地区人口密集,市政环境卫生设施不健全,导致生活垃圾堆放和处置不当,影响环境卫生。

5. 御窑厂遗址遭受自然因素危害

御窑厂遗址区内的自然危害因素主要包括:大雨暴雨冲刷、渗水侵蚀、植物侵蚀等。景德镇市常年降雨量较多,雨季雨量充沛,遗址区尤其是揭示的两处较大土质遗址常常受到大雨暴雨冲刷导致水土流失。遗迹往往地势相对低洼,雨水、地下水长期浸泡遗址,造成遗址土体松软、杂草滋生。已揭示遗迹均未作地下遗存整体防水工程。珠山南侧遗迹和珠山北麓遗迹区低洼处地下渗水严重。已揭示遗迹均有不同程度的生物腐蚀、杂草滋生,特别是珠山北麓遗址区低洼处地下渗水加剧苔草滋生,严重影响遗存。

6. 遗址人文历史环境保护存在问题

历史街区和历史建筑方面的问题与危害。由于历史街区内存在乱拆乱建现象,人口过于密集,公共卫生设施简陋且数量不足,破坏了历史街区的总体风貌。遗址区周边的历史建筑普遍年久失修,日常使用中存在明显的火灾隐患,整个区域的历史建筑整体保护和日常维护措施缺乏。不合理的商业活动和居民生活对历史建筑的危害较严重,历史街区和部分历史建筑的安防问题仍未解决。

生态环境方面的问题与危害。御窑厂遗址位于景德镇市珠山区最繁华的闹市地段,建筑、人口和商业、服务业密度较大,绿化率较低,环境污染问题突出。御窑厂遗址的东、南面的中华北路和珠山中路,分别为景德镇市区的两条主干道,车流量大,车辆行驶带来的噪声污染和空气污染较大。昌江是流经景德镇境内和御窑厂周边最主要的河道,水质受到一定程度的污染。

　　景观环境方面的问题与危害。对御窑厂遗址周边的生态环境及景观环境(包括建筑风貌、城市格局及视线通廊等)造成破坏的因素主要为人为因素,历史街区内部分现代建筑的体量、色彩、建筑风格与历史街区主体传统建筑风貌不相协调。2004年以来,遗址区北侧新建的商品住宅小区对遗址区的历史环境、生态环境造成破坏,对景观造成干扰。历史街区与遗址区之间的开阔空间较少,现代建筑的体量远大于传统建筑,破坏了历史街区原有的尺度和天际线,视线通透程度较差。

图1-10　御窑厂明代古井

　　尽管问题不少,景德镇御窑厂遗址依旧蕴含重大现实意义,仍然具备建设考古遗址公园的有利前提条件。景德镇御窑厂国家考古遗址公园的建设,将重现景德镇御窑厂昔日的精彩,完美再现景德镇陶瓷产业和城市发展历史篇章。景德镇御窑厂是景德镇城市历史之根,御窑厂国家考古遗址公园的建设将传承和发扬景德镇城市个性,是景德镇城市建设具有划时代意义的世纪工程,它将实现景德镇古代瓷都城市历史和现代城市文化的完美交融。明清景德镇因御窑而荣光,未来景德镇也将以御窑厂考古遗址公园为转折点,创造新的辉煌。

图 1-11　御窑厂珠山南侧保护房

　　其主要有利条件如下:景德镇御窑厂遗址是全国重点文物保护单位;《景德镇御窑厂遗址保护规划》已于 2008 年由江西省人民政府公布实施;2010年拆迁腾空的原大堂遗迹西侧区域和彭家上弄以北的元官窑遗迹分布区域考古勘探和发掘计划已经由国家文物局批准,重要考古成果不断出现;国家文物局、江西省政府、景德镇市政府已将建设御窑厂国家考古遗址公园列入重要议事日程,有关建设规划正在编制过程中;建立了筹备景德镇御窑厂考古遗址公园的专门管理机构,即景德镇御窑厂遗址管理处。

　　御窑厂遗址周边的社会经济、交通旅游、服务设施、环境质量等综合条件较好。御窑厂遗址公园的建设和运营需要以上条件为支撑,而景德镇市及御

图 1-12 珠山南侧遗迹

窑厂遗址周边社区具备了相应条件。一是景德镇社会经济发展在我国中部地区和江西省处于中上等水平,景德镇城区人均 GDP 超过全国平均水平,而旅游业则处于全国先进行列,制瓷业仍然是其支柱产业之一,社会对瓷业的历史和文化认同感较高。二是景德镇御窑厂遗址的周边均为繁华的商业区,人口密集且流动量大,经济较为活跃。三是景德镇御窑厂遗址位于闹市中心,周边交通呈三纵三横的格局,东有风景路、胜利路,南有珠山中路,西有中山北路和昌江,北有斗富弄。四是景德镇市外部交通发达,公路、铁路、航空线路四通八达。景德镇是我国首批对外开放的 35 个重点旅游城市之一,陶瓷旅游业中外闻名、基础较好,中高档旅游酒店众多,配套服务设施较完善。五是御窑厂遗址周边条件较好。昌江周边环境优美,御窑厂遗址周边无大中型污染企业,空气质量较好,符合国家有关空气质量标准。

第三章
御窑厂考古遗址公园建设规划框架

一、主题和目标

对御窑厂遗址进行科学规划,将其建成国家考古遗址公园,有利于社会分享御窑厂的考古发掘成果,推动景德镇入选世界文化遗产名录,弘扬中华陶瓷文化,为中华传统艺术复兴谱写新的光辉篇章。围绕"辉煌御窑、稀世精品、中华宝藏"主题,实现御窑厂国家考古遗址公园建设一流、管理科学、运营顺畅,再现御窑厂辉煌的价值,成就御窑厂遗址世界级文化遗产的荣誉,实现遗址保护成果惠及民众,推进景德镇历史城区与瓷都现代城市文明的完美交融。

二、指导思想和原则

遵照"保护为主、抢救第一、合理利用、加强管理"的文物工作方针,响应大遗址保护"洛阳宣言""西安共识"提倡的"文物保护惠及民众""大遗址保护成果人人共享""遗址公园保护建设带动周边城市基础设施和环境改善"的共识,全面协调文物保护与城市建设的关系,实现遗址公园建设与城市建设的和谐统一,促进景德镇文物保护事业与城市建设的可持续发展;保护遗址及其周边背景环境真实性、完整性和延续性,坚持城市公共文化空间的定位,立足于遗址及其背景环境的保护、展示,统筹教育、科研、游览、休闲等多项功能;坚持科学论证、实事求是、统筹规划、合理布局、循序渐进。

三、基本思路

1. 以持续开展的考古发掘、遗迹保护、瓷器修复的成果为基础。

2. 以拆迁占压遗址建筑为全局工作的前提。

3. 以保护展示遗址本体及其内涵和价值为根本目的,准确把握遗址公园建设定位,坚持考古遗址公园建设规划应与遗址保护规划相结合。

4. 建设内容以原有当代建筑拆迁改造及其环境整治和遗址保护展示设施为主,环境整治主要安排在遗址重点保护区之外,遗址重点保护区不安排其他建设项目。

5. 紧扣遗址内涵和价值,突出御窑厂和瓷都历史特色,突出保护和建设重点。遗迹展示力求完整和丰富,生产性遗迹、官署建筑遗迹、祠庙建筑遗迹、景园建筑遗迹均应展示。

6. 建设工程应确保遗址的完整保存,各类设施及景观设计以遗址内涵及价值的展示为前提。

7. 注重传统理念、传统工艺与现代科学技术的有机融合,创新遗址保护和历史建筑复原建设思路。克服土遗址视觉形象弱的缺点,对保护房作保护、展示、景观创意等多功能设计,吸引和打动更多的普通游客。

8. 依据御窑厂原有历史格局,合理布局遗址保护房、复原历史建筑和绿化景观,并保证遗址公园内景观视野通廊的畅通。

四、基本措施

1. 加强绿化、改善城市生态。绿化是公园规划建设的重要内容,也是遗址保护展示的重要手段。

2. 加强学术研究,注重解决学术课题,制定重要考古发掘项目的课题研究计划。

3. 在遗址保护基础上,更加注重城市旅游发展,更加注重城市设施和环境改善,更加注重考古和研究,更加注重展示、服务的多样化手段和科技教育含量。

4. 实现大遗址保护成果的全民共享,借助系统化、人性化的展示设计,为公众提供开放和直观的考古教材,引导公众走近遗址、体验遗址、热爱遗址。遗址公园管理和运营中,以人为本,尽量考虑到公众参与的便利性。

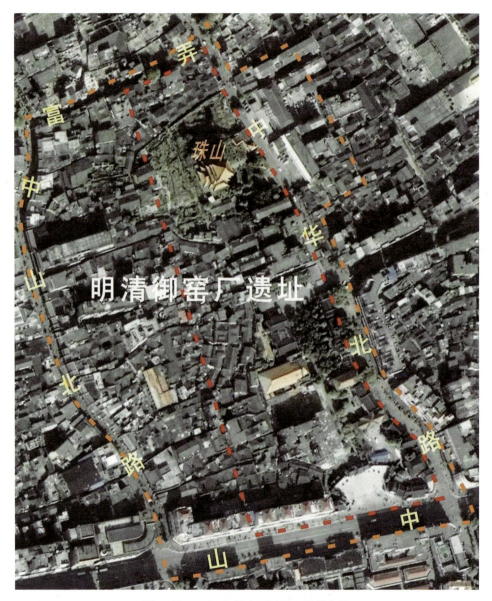

图 1-13　2010 年御窑厂遗址卫星影像图

　　5. 优化土地资源利用,进一步改善人居和交通环境,有效缓解遗址保护与城市化进程之间的矛盾。

　　6. 开创"新御窑"瓷器生产方式,带动相关产业发展。在遗址公园内部及周边,借助得天独厚的资源禀赋,发展与遗址保护展示相关的观光、DIY体验、文物复制仿制生产和文化创意产业等,形成"新御窑"产业链。

7. 依法拆迁,保障被拆迁户和商户的合法权益;以人为本,改善民生,改善新安置地环境、设施等生产生活条件,保障被拆迁住户、商户的生活生产利益。

8. 建立"政府主导,社会参与,市场运作"的投资、管理和运营机制。各级政府应加大投入,并积极从市场上筹集保护建设资金。在积极申报国家大型遗址保护专项资金的同时,探索城市运营、拓宽筹资渠道,组建国有控股的遗址公园建设开发投资有限公司,通过政策性银行贷款、商业银行贷款、招商引资等形式多渠道筹措保护与建设资金。

9. 学习国内外考古遗址公园建设、管理、运营的先进理念,结合景德镇社会经济发展和御窑厂遗址及其环境的实际情况,提高遗址公园建设效率。

五、建设内容

主要包括考古勘探发掘、遗迹遗物保护修复和遗址展示设施建设等三大类功能建设,具体可细分为拆迁、考古、保护、展示、环境、游览、服务、景观、文化产业、基础设施、改善传统居住等建设内容。规划近期阶段,遗址公园建设以拆迁项目和考古为主,先行实施以保护遗址本体为目标的拆迁。

1. 遗址公园建设范围

依照《景德镇御窑厂遗址保护规划》的保护区划,遗址公园建设范围与御窑厂遗址的保护范围、建设控制地带整体吻合,总占地面积80.8公顷。

2. 功能分区和格局

遗址公园总体格局是四区、一河、五路、五弄。四区,即遗址中心区、历史街区、博物馆区和旅游服务区等四区。一河:即御窑厂西侧的瓷都母亲河——昌江。五路:即御窑厂周边的五条主次干道,东有中华北路和胜利路、南有珠山中路、西有中山路、北有风景路——斗富弄。五弄即御窑厂遗址区西侧的五条历史建筑较多的弄堂,自北向南依次为:彭家上弄、毕家上弄、程家上弄、新当铺上弄、祥集上弄。

遗址公园中心区和遗址公园博物馆区是遗址公园的重点建设区域。

遗址公园中心区属于御窑厂遗址保护范围区域,占地面积约 5.3 公顷。

遗址公园中心区面积相对较小,又因地下遗迹集中分布,周边均为传统高密度建成区,扩展空间极小,必须突出多功能复合。含六大功能,包括考古、保护、展示、科研、游览、文化产业,以考古、保护、展示和游览为主要功能。

遗址公园历史街区位于御窑厂遗址西侧的建设控制地带区域,面积最大,为旧城高密度建成区,突出多功能复合。含六大功能,包括传统居住、交通、保护、展示、游览、商贸服务。

遗址公园博物馆区和旅游服务区各自面积相对较小,分别分布于御窑厂遗址东侧建设控制地带区域的北部和南部。博物馆区应有遗址科研、古瓷修复、陈列展示等功能,旅游服务区有旅游服务、文化产业、交通、景观环境展示等功能。

遗址公园中心区格局。中心区格局是一轴一线六片。一轴:御窑厂南北纵向中轴线,即从御窑厂照壁和大门,经甬道、御窑厂仪门和大堂、珠山龙珠阁至彭家弄,作为整个遗址公园主要展示线路,在轴线及两侧布置考古发掘、遗迹展示、历史景观建筑和绿化景观;一线:御窑厂东围栅;六片:照壁和大门、仪门和大堂、珠山龙珠阁、彭家弄、中轴线南段以西的生产区和部分官署遗迹、师主庙遗迹形成六个遗迹集中展示片区。在"六片"中,前四者为历史景观展示,彭家弄为历史街区展示,师主庙片区即中华北路与胜利路相交地南北两侧,作为御窑厂遗址公园的遗址博物馆和陶瓷修复中心的建设用地。

3. 土地利用规划

重点保护区除彭家弄保留传统街区居住用地主题外,区内不得安排工、商、住等建设用地。

尽快落实重点保护区内以文物保护为主的用地性质,逐步拆迁占压遗址的居住、商业、行政办公和停车场建筑,切实保障以文物保护用地为主,以绿地和旅游服务设施为辅的用地格局,重点保护区内只能实施考古、保护展示房。遗址重点保护区外消防局大楼占压的清代师主庙遗迹地一带调整为遗址博物馆和出土陶瓷修复中心用地。

第四章

御窑厂遗址的建筑拆迁

一、拆迁的目标和原则

2010 年至 2012 年,遗址公园建设以拆迁项目和考古为主,又以保护遗址本体为目标的拆迁项目为主要内容和先行实施内容。中远期实施遗址中心区的外部环境改善、景观保护和建设为目标的拆迁项目和御窑厂遗址西向历史街区的局部的交通疏通性、环境改善性和景观建设性拆迁。依法、文明、和谐拆迁,保障被拆迁户的合法利益,为拆除占压遗址当代建筑、保护地下遗址工程创造良好前提条件。有关管理部门应制定科学有效的搬迁和补偿方案,并落实解决相关补偿资金和措施。科学布局拆迁安置地,以疏散过于密集的人口、营造良好的保护和游览环境为原则,所有拆迁住户迁往景德镇市新城区原 4321 厂地段新商品住宅小区,妥善安置。拆迁施工与考古工作、保护工作紧密配合,实行逐步拆迁。按照占压遗迹区域重要内涵和格局较重要、占压影响遗址程度较严重、占压面积较集中的区域先行实施的原则确定拆迁顺序。

二、拆迁项目的主要内容和对象

拆迁所有占压遗址重点保护区（遗址公园中心区）、干扰遗址保护的建筑,是遗址公园建设的重要前提、当务之急和遗址公园中心区建设的重点内容。规划拆除总占地面积 18 000 多平方米、建筑面积约为 6 万平方米的占压建筑,约占遗址总面积的 30%。拆迁后重现大部分的遗迹,主要包括:御窑厂大部分官署建筑遗迹（照壁、大门、甬道、仪门、大堂、东西辕门等）、御窑厂

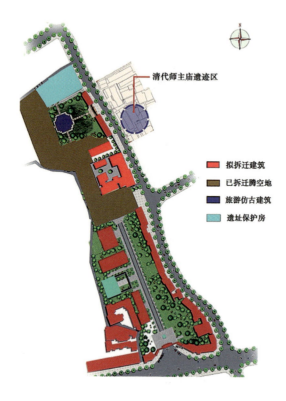

清代师主庙遗迹区

拟拆迁建筑
已拆迁腾空地
旅游仿古建筑
遗址保护房

图1-14 2010年御窑拆迁规划

部分生产区遗迹（厂墙、大部分作坊）、御窑厂东西库房遗迹、珠山遗址、佑陶灵祠遗迹、师主庙建筑遗迹及元代官窑遗迹等。拆迁的对象有居民360多户、商户近100家。

拆迁工作要求如下：

1. 将占压遗址的当代建筑的地基和地下管线调查列为考古工作重要内容。当代建筑的地基和地下管线切割、扰乱遗址，增加了遗址遭受排水渗漏的隐患，应于建筑拆除后的考古发掘时实施科学拆除。

2. 施工过程中，防止对遗址产生破坏。由于地基和管线拆除施工所需要，各拆除工程的施工平面范围边界实际上应超出其建筑占地范围边界。

3. 拆除工程中原则上以拆为主，除非确有必要，尽可能在拆迁施工中不做主动性发掘。拆除建筑后的遗址地面，原则上暂时作为现状保护地和未来考古地，不得硬化，考古发掘之前不做绿化，并作合理适当的地面排水防渗处理（具体方案应另行报批），避免拆除后处理不当造成对遗址的水蚀。

4. 由于各拆除工程的施工平面范围边界实际上应超出其建筑占地范围边界，并涉及一部分地面开挖和清理，拆除施工应在考古人员的共同参与配合下进行。御窑厂东侧商业区的拆除工程中，要特别注意保护小段残存的清代御窑厂围墙遗迹。

5. 地基和地下管线的拆除、平整以及整个拆除工程范围的场地平整，应在考古人员的共同参与配合下进行，并认真做好这些地点的地面排水防渗处理。

6. 施工中发现遗物和遗迹，应及时报告，组织考古专业人员提出具体保护意见，实施清理发掘和研究；根据现状和研究的情况，对遗址实施科学回填保护或就地揭示性保护、模拟展示保护，并由江西省、景德镇市文物考古机构科学制定拆除工程施工中的考古工作预案和具体方案，及时报批。

7. 科学和安全的拆迁施工要求。地面以上建筑主体的拆除，依据国家有关建筑拆除规范、规定进行。主要工程方法是人工拆除作业和机械作业，禁止爆破作业，以保证地下遗址安全和周边已展示遗址及设施的安全。加强安全工作，切断电源、水源，按规范程序操作，杜绝伤亡事故发生。拆除工程施工需安装设备，若涉及小范围动土，应在考古专业人员指导下进行。拆除施工中，注重环保，治理好施工中的扬尘、污水、汽车尾气、噪声和建筑垃圾。施工中应治理好建筑泥浆废水、施工机械和运输车辆的清洗水，以及雨天径流造成的污水排放，不可任其排放，否则会对地下遗址及环境造成影响。施工中泥砂废水应沉淀处理后，有组织地排放至现有地下污水处理设施。建筑垃圾及施工生活垃圾应及时向外清运，不准随意丢弃于施工现场，不可就地回填利用，防止对遗址造成新的扰乱。为减轻施工中大量降雨对地下遗址及环境造成的影响，避免雨季施工。拆除范围内的有关配电房、公厕和水泵房等附属设施一并拆除。

三、拆迁的工作步骤

根据确保社会稳定、补偿资金量巨大的实际，实行逐步拆迁，共分五期。原则是占压遗迹区域重要内涵和格局较重要、占压影响遗址程度较严重、占压面积较集中的区域先行实施。一期（2010 年—2011 年）和二期（2012 年）对应遗址公园建设近期，三期（2013 年）、四期（2014 年）对应遗址公园建设中期，五期（2015 年—2016 年）对应遗址公园建设远期。实施分期拆迁内容如下。

1. 一期（2010 年—2011 年）。拆迁所有干扰遗址保护、占压遗址重点保护区原遗址中轴线的市政府住宅楼等。拆迁的对象占地 3 000 多平方米，有居民 130 多户、商户 12 家。市政府住宅楼占压了御窑厂中轴线上标志性建筑大堂及厢房、官署、穿堂轩等重要建筑遗迹。1984 年 6 至 8 月建设开挖时，曾抢救性发掘 369 平方米,文化堆积分九层,含宋、元、明、清、民国各代遗物、遗迹,有大量明初遗物。出土的遗迹部分被建筑地基破坏,同时被回填、占压,相邻相关的遗迹因当时建筑施工紧迫和发掘经费缺乏未能发掘。拆迁市政府住宅楼,将使近二十年形成的遗址南北两区域分割状态,重现整体合一的历史格局,形成保护展示管理体系的整体合一。市政府住宅楼有两栋五层建筑,建筑面积分别为 958 平方米、2 463 平方米,有两栋七层建筑,建筑面积共 12 634 平方米。市政府住宅楼底部东侧商店,均为二层当代建筑,连绵建筑共 12 户,建筑面积 852 平方米。

2. 二期(2012 年)。拆迁干扰遗址保护、占压遗址整个东部、整个东南部和西南部的建筑——东司岭市政府住宅楼、东面沿街商铺和办公两用的商品长廊、复建戏台、文化局办公楼、中轴线南段以东水泥花坛、花台、大门两侧商铺,总占地面积约 1 万平方米。拆迁的对象有居民 100 多户,商户近 60 家。此期拆迁重点是东司岭市政府住宅楼和商品长廊。其中住宅楼 7 层 91 户,占地 2 563 平方米,建筑面积 9 146 平方米。1982 年景德镇市铺设地下电缆,1983 年至 1984 年珠山中路道路翻修,涉及御窑厂遗址,仅明御窑厂南院东侧(原政府南大门东墙)的一处沟道处及南侧仅 180 平方米面积内,就前后三次抢救获得大量可供复原的永乐和宣德瓷器,有为明南京永乐极恩寺塔制作的 17 块折角瓷砖,以及明宣德“色窑”窑炉等重要遗物遗迹。1992 年至 1993 年,商品长廊建设开挖时,动土面积为 3 000 平方米,地下 1.4—1.6 米的白尾砂层下出土了大量宣德瓷器。出土的遗迹部分被建筑地基破坏,同时被回填、占压,相邻相关的遗址区因当时建筑施工紧迫和发掘经费缺乏未能发掘。复建建筑佑陶灵祠虽非原址原状,但因其风格基本协调、功能实用适当,可保留使用,不做拆迁。

3. 三期(2013 年)。拆迁占地面积约 7 000 平方米。一是拆迁遗址大门以西的占地约 1 000 多平方米的沿珠山中路商住楼(遗址西南侧东司岭上),二是拆迁遗址以东胜利路与中华北路交界北侧原师主庙建筑遗迹区域除龙缸弄历史弄巷以外的公安消防局大楼、当代住宅楼和商店等约占地 5 000 多平方米区域。拆迁的对象总共有居民 130 多户、商户 30 家。沿珠山中路商住楼地下,在 1982 年、1983 年、1984 年配合开挖建设的抢救性考古发掘,发现永乐瓷片堆积层约 1.5 米,发掘面积 290 平方米。遗址出土的遗迹部分被建筑地基破坏,同时被回填、占压,相邻相关的遗址区因当时建筑施工紧迫和发掘经费缺乏未能发掘。

4. 四期(2014年)。实施以遗址中心区的外部环境改善、景观保护和建设为目标的拆迁,即东门头地段的拆迁。御窑厂东辕门口外是明清御窑厂重要的两大出入通道之一,俗称东门头,是历史上和当今重要的交通、景观视线节点。东辕门口外胜利路与中华北路交界南侧现状景观环境已全部失去历

图 1-15 2014 年前御窑厂遗址拆迁调控措施

史风貌,应局部拆迁和局部降层非历史风貌商业建筑,保留或调整商业功能,建设历史风貌的文化产业和商贸景观建筑。拆迁建筑的占地面积约为 1 000 平方米、建筑面积约 4 000 平方米,约拆迁商户 10 家、住户 20 家。

　　5. 五期（2015 年—2016 年）。实施御厂遗址西向历史街区交通疏通性、环境改善性和景观建设性拆迁。历史上御窑厂西辕门与西向街区原有畅行交通,当代已被阻断,严重影响御窑厂遗址与历史街区的内在整体性、紧密联系和游览线路的贯通,应规划疏通。历史街区内全国重点文物保护单位明代祥集弄民宅等重要文物建筑的周边环境改善性和景观建设性拆迁,也是规划建设的必要内容。拆迁建筑的占地面积约为 1 000 平方米、建筑面积约 4 000 平方米,拆迁商户 10 家、住户 20 家。

第五章

御窑厂考古遗址公园考古发掘、遗迹保护和展示

一、考古与研究工作的目标和要求

考古和研究工作是遗址保护利用的基础和前提,考古和研究工作目的是揭示御窑厂地下遗迹,全面深入研究御窑厂的历史、科学、艺术和社会价值,实施成果转化,为遗址保护、遗址课题研究、遗址展示、遗址利用和管理提供前提、基础和依据。考古工作原则是:严格遵守《文物保护法》《考古发掘管理办法》,依法考古、保护为主、原状展示、全面研究、转化成果、服务利用,勘探、发掘、研究相互依托,考古与历史文献研究相互结合,提高考古勘探、发掘的科学性和系统性。考古工作的要求是:坚持在已有重要成果基础上开展考古和研究工作,坚持长期持续的考古勘探、发掘与长期持续的考古研究紧密结合;按照《田野考古操作规程》,较大规模的考古发掘工作必须在进行前先期进行考古工作站建设,防止出土遗迹受雨水冲刷和渗透破坏;必须积极探索新技术的推广和运用,开展多学科、多领域合作研究,提高考古发掘工作的科技含量。

二、考古和研究工作的主要内容

进一步探明各个功能区的布局、建筑功能,以及与明清御窑有紧密关联的元代生产遗迹的历史信息;进一步探明御窑厂内各时代生产成果、规模和整体内涵;进一步研究明清时期制瓷和烧制工艺技术内涵及其变化发展、相关文化内涵;进一步研究明清时期御窑与民窑的相互促进关系;进一步研究景德镇御窑厂的生产管理和行政管理的相互关系;进一步研究御窑厂遗址中

图1-16　2010年已出土遗迹保护措施

轴线重要历史建筑结构、形制和尺度,为历史景观再现提供科学、翔实的依据,重点解决历史建筑复建具体地点、尺度和内涵依据问题。

三、考古和研究工作的主要步骤

分全面考古勘探计划和重点区域考古发掘计划。对御窑厂进行全面的考古勘探,弄清明代御窑厂遗址、清代御窑厂遗址和元代官窑遗址以及民国江西瓷业公司的遗存分布区域、建筑布局、文化堆积等情况,为遗址公园的考古发掘、展示和历史景观建设提供科学依据。2011年至2013年分两期,在遗址公园中心区内的原市政府住宅楼和机关办公楼拆迁腾空区域,对御窑厂大堂、仪门、东辕门、西辕门、生产作坊等遗迹实施发掘,面积分别约1 700平方米、1 400平方米。2012年至2013年在遗址公园中心区御窑厂大门西侧商店、市东司岭市政府住宅楼和文化局办公楼拆迁腾空区域,对御窑厂甬道、生产区等遗迹进行考古勘探和发掘,发掘面积约1 600平方米。2014年至2015年在遗址中心区龙珠阁以西拆迁腾空区域和御窑厂大门东侧商店、御窑厂东界南段商店长廊的拆迁腾空区域,进行考古勘探和发掘,面积分别约1 600平方米、1 300平方米。

四、考古研究成果转化的基本策略

1. 综合提升景德镇文博研究机构,尤其是陶瓷专题类博物馆的研究能力,营造良好的学术研究氛围。以江西省文物考古研究所、景德镇陶瓷考古研究所为主体,进一步积极承担主要的考古发掘和研究工作,推动景德镇陶瓷馆、景德镇陶瓷高等院校、景德镇陶瓷民俗博物馆、景德镇民窑博物馆等积极参与御窑厂遗址的研究工作,进一步开展与国内甚至国际上有关高校、文博机构密切合作,为遗址公园的考古发掘和研究提供强大的科研技术力量。

2. 实现考古学术研究成果尽快向遗迹保护、遗物修复实践转化,向遗迹内涵性展示和历史建筑复原设计实践转化,向面向公众的教育体验、科普体验和游览体验的实践转化。建立考古和研究成果学术研究与成果转化机制。

3. 继续鼓励景德镇现有的大量国有瓷厂、民营陶瓷企业和外资陶瓷企业以及众多陶工传承御窑厂传统制瓷工艺等非物质文化遗产,光大御窑精神传统,推动景德镇瓷业创新性发展。

五、遗迹保护的基本举措

1. 以原状保护为主。以建设保护房和地下遗迹玻璃保护罩为遗迹载体环境的主要保护措施。在面积较大、保存形态完整、观赏性较高的遗迹上建设保护房,在面积较小的单体遗迹上加盖透气性好、透明度高的玻璃罩。

2. 注重标本兼治,实施遗迹加固和防渗排水工程。支护加固遗迹部分陡峭边坡,防止边坡坍塌。在遗迹加固的同时,注重地下水控制和防渗排水工程。多雨气候和居民生活排水造成遗址区地下水位较高,采取排水与隔水两种方式防地下水蚀。排水工程需要完善遗迹区独立的地面、地下的排水管道,隔水工程可采用在遗址的高处边缘敷设透水管,将渗入遗迹的水排出。

3. 实施部分考古遗迹的回填保护。制定详细的回填技术方案,防止遗迹受回填工程的二次破坏。

4. 加强对未揭露和已揭露遗迹防生物腐蚀的保护措施。主要防止遗迹渗水、潮湿导致杂草、苔藓和霉菌滋生。水是导致生物腐蚀的主要诱因,防止和控制地下水渗透至关重要。

5. 加强对未揭露和已揭露的遗迹的安全防盗和防灾保护措施。依据国家专业标准、规范落实遗迹安全防范。

6.减轻对部分考古遗迹不合理的建设性和展示性破坏。如在珠山北麓保护房内,将完全铺设于遗迹上的现有石板游步道改造为轻型、木质、可逆的游览步道,消除现有扰乱文化堆积的建设性破坏。

7.保护遗迹的同时,积极做好出土文物修复。

六、考古遗址公园的展示策略和主要内容

根据御窑厂生产和管理机构的双重性质,考古遗址公园展示实行双重策略,一是展示御窑厂恢宏的生产盛况,再现明清时期景德镇乃至中华瓷业文明的辉煌成就;二是展示厂衙合一的特殊功能布局,再现中国大型官营手工业管理体制因地制宜的独特风采。

1.考古遗址公园的展示重点

一是御窑厂瓷器,展示重点是细致分工的生产制度、精益求精的工匠精神以及高贵至尊的审美传统。二是御窑厂瓷业,展示重点是明代至清乾隆时期辉煌的瓷业文明,兼顾御窑厂的渊源——宋元瓷业和清代后期至民国时期瓷业情况。三是瓷都老街区,展示重点是窑砖里弄、陶舍重重的瓷都街区景观,以及御窑厂与周边历史街区和昌江的紧密关系。

2.考古遗址公园中心区的主要展示方式

有遗址原址原状展示、馆舍陈列和修复工作展示。一是完善已有的遗址原状展示。根据已发掘展示的珠山南侧生产遗迹状况分析,其向东、向南、向北仍有地下遗迹分布,应进一步扩大考古勘探和发掘范围,即对拆迁现市文化局办公楼后腾空场地作考古勘探和发掘,并拆除2004年构筑的临时应急保护房,依据遗迹分布的范围建设新的保护房,使原一号保护房内的遗迹与其周边的遗迹更加真实完整,更加丰富客观地展现于大众面前,使之成为御窑厂生产作坊区规模化展示的典范。二是开辟新的遗址展示。含衙署遗址展示、御窑厂围墙展示、元官窑遗址展示。在将来发掘的御窑厂道路局部路段遗迹,铺以高透光、高强度、低反射玻璃罩。概念性复原御窑厂东面的围墙,采取围栅柱体镶砌废旧匣钵、老窑砖的方式,强化围墙和御窑厂的历史沧桑和瓷都特色建筑元素。三是推出景德镇御窑厂遗址博物馆和出土陶瓷修复研究中心的内涵展示。在遗址博物馆内设立出土陶瓷修复研究中心,作为御窑厂出土瓷器修复、研究的场所,并向大众开放瓷片拼对、整器修复等工作内容,

普及文物修复知识,开展公众体验考古。

3.考古遗址公园中心区周边历史街区的展示举措

将彭家上弄、毕家上弄、程家上弄、新当铺上弄、祥集上弄等五条弄堂作为御窑厂遗址公园历史街区的重要展示内容,体现御窑厂历史环境的真实性、完整性和现实活力。五条弄堂的两侧分布有众多的明清古建筑,包括商铺、会馆、民居、官舍、民间作坊等,可利用弄堂两侧的古建筑发展古玩鉴赏和现代陶瓷商贸产业,同时展示明清古建筑的风貌和特色,使游人徜徉于景德镇古朴的弄堂文化与多彩的陶瓷艺术之中。

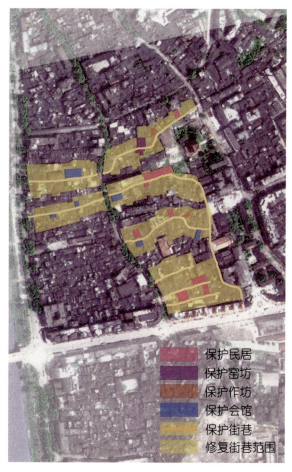

图 1-17　2010 年御窑厂遗址周边保护对象

第六章

御窑厂考古遗址公园展示性设施建设

　　展示性设施建设分期,从 2011 年至 2020 年,分为近期、中远期。近期目标为初步建成开放,中远期为全面投入运营,不断完善,达到国际先进水平,成为中国和世界级的以瓷为特色的文化旅游热点。近期:2011 年至 2014 年,完成考古遗址公园内的所有拆迁工程和考古遗址公园建设的基础工作,如"十一五"期间考古成果整理和出版、遗址全面考古勘探,启动重点区域的考古发掘和重点遗迹的原址原状保护。中远期:2015 年至 2020 年,启动局部考古发掘、已发掘的两处重点遗迹的进一步加固和防渗、保护房改造、绿化景观布置,完成考古遗址公园内保护房建设、文物建筑复原、遗址保护初期工程、遗址博物馆与陶瓷研究修复中心建设。

一、展示性设施建设的基本要求

　　遵循在遗址原址原状保护基础上建设保护兼展示性设施的原则。在全面勘探和全面考古发掘的基础上,对价值重要、观赏性高、相对集中分布的重要遗迹实施保护兼展示性设施建设。重要遗迹上建设的保护展示建筑,应与遗址内涵紧密结合,具备外观风格和谐、内部使用功能齐全等特点,部分建筑遗迹上的保护展示建筑,其建筑高度可较历史建筑原状扩大、增高,既满足保护遗迹的需求,同时兼顾历史建筑原有外观风格的展示和实用需要。以下项目在 2011 年至 2013 年实施。

二、珠山北麓保护房、珠山南侧保护房改造的举措

　　分别在 2011 年和 2012 年实施完成。

珠山北麓保护房改造建设内容：一是改造保护房过于高大的屋面，消除其遮挡珠山与遗址区东侧、北侧之间部分视线，有损珠山山体的整体景观风貌的问题，二是将完全铺设于遗迹上的现有石板游步道改造为轻型、木质、可逆的游览步道，消除现有对文化堆积造成扰乱的建设性破坏，三是增设保护房内部多媒体展示和其他科技手段展示功能，四是增设地下防渗设施，防止杂草、苔藓、霉菌滋生。轻型、木质、可逆的游览步道设计可参照成都市金沙遗址等保护房游览步道。

珠山南侧保护房改造的内容：针对保护房屋面难以防暴雨、导致对局部遗迹的冲刷和渗漏侵害的设计缺陷，拆改、增大现有屋面，并在远期与相邻的市文化局大楼地下生产区遗迹保护房重新整体设计建设。

三、考古工作站的建设

共建设五处，与考古发掘工作同时进行。一是根据 2011 年至 2013 年的考古发掘计划和国家文物局的批复，分两期在遗址公园中心区内的原市政府住宅楼四合院和机关办公楼拆迁腾空区域，发掘御窑厂大堂、仪门、东辕门、西辕门、生产作坊等遗迹，发掘面积分别约 1 700 平方米、1 400 平方米，建设两处考古工作站，占地面积分别约为 2 000 平方米和 1 600 平方米。二是根据 2012 年至 2013 年的考古发掘计划和国家文物局的批复，在遗址公园中心区御窑厂大门西侧商店、市东司岭市政府住宅楼和文化局办公楼拆迁腾空区域，考古发掘御窑厂甬道、生产区等遗迹，发掘面积约 1 600 平方米，建设一处考古工作站，占地面积约为 2 000 平方米。三是根据 2014 年至 2015 年的考古发掘计划和国家文物局的批复，在遗址中心区龙珠阁以西拆迁腾空区域和御窑厂大门东侧商店、御窑厂东界南段商店长廊的拆迁腾空区域，发掘面积分别约 1600 平方米、1300 平方米，建设两处考古工作站，占地面积分别约为 2 000 平方米和 1 500 平方米。四是考古工作站的建设应彰显遗址公园较先进的遗址保护利用理念和模式，要求基桩不干扰地下遗迹、结构牢固、自然采光好、空间较大而实用，高度不超过 5 米，并注重周边排水设计。考古工作站同时兼有展示、普及和社会民众参与遗址考古勘探和发掘的游览功能，应增加有关社会民众观赏和参与遗址考古过程的辅助设施，使考古工作期间的考古工作站成为新旅游项目。

图 1-18　遗址中轴线建筑（官署复原示意图）

图 1-19　遗址中轴线建筑（仪门复原示意图）

四、照壁的概念性复原

照壁原状为仿三楼实墙式，史载"头门外树屏墙一，有东西二甬通市街"。照壁体量虽小，但属御窑厂中轴线上的第一座建筑，又处历史上和现状主干道边，是重要象征和景观导引，应在 2011 年实施复原建设。受现状珠山中路主干道所限，御窑厂大门和照壁的历史原址原状复原难以实现，需因地制宜地保留现状大门，形制概念性复原照壁。照壁复原建设选址应避让大门前停车场地下遗迹，位于现大门与珠山中路（主干道现状有限空间）之间的停车场应尽量少占用地，不干扰通透视线。照壁可不拘泥原砖石实体的结构和材质，只复原其外形风格和原有尺度，以框架、轻型、通透的

图 1-20　遗址中轴线建筑（大门复原示意图）

木构或钢构与玻璃墙板,营造新的历史景观。照壁高度应低于大门高度,同时照壁北侧的东西二甬路面也应复原,作为进入御窑厂主入口步行通道。现停车场按规划迁移至西向东司岭与珠山中路之间拆迁腾空地。

五、生产作坊的复原

历史上,御窑厂首要功能是生产性场所和机构,它有大量的生产设施如作坊、窑炉和库房等,尤其以作坊种类和数量为多,前述清中期景德镇御窑厂有二十三作,"为陶务作二十有三:曰大器作、曰小器作、曰仿古作、曰雕镶作、曰印作、曰画作、曰创新作、曰锥龙作、曰写字作、曰色彩作、曰漆作、曰匣作、曰染作、曰泥水作、曰大木作、曰小木作、曰船作、曰铁作、曰竹作、曰索作、曰桶作、曰东碓作、曰西碓作"。清乾隆时景德镇督陶官唐英所作《陶冶图》描绘了多处御窑厂生产作坊。目前已发掘展示两处以窑炉为主的生产区遗迹,尚未发掘较大规模的作坊区和东西库房遗迹。在下一步作坊区和东西库房考古发掘研究和地下遗迹原状保护成果基础上,应注重选择,至少原址复原三至四处生产作坊或东西库房历史建筑,较具代表性的如大器作、小器作、雕镶作、画作、仿古作、创新作、锥龙作、写字作、色彩作、碓作等。根据文献记载和已有考古研究,作坊原址主要分布于大门与仪门之间中轴线的东西两侧。原址复原的生产作坊或东西库房历史建筑均作多功能使用,可作为遗址公园发展文物复制仿制或创意生产、御窑工艺表演、民众参与制瓷等文化产业和文化旅游场所,彰显考古遗址公园较先进的保护利用理念。

六、仪门的风貌复原暨地下遗迹保护房建设

仪门是御窑厂中轴线上重要的官署建筑之一,价值和意义重要。历史原状为重檐三开间八字墙,《景德镇陶录》、首都博物馆藏清御窑厂

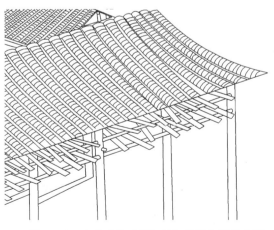

图1-21　唐英《陶冶图》拉坯作坊复原示意图

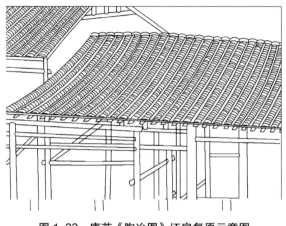

图1-22 唐英《陶冶图》坯房复原示意图

图瓷桌面等均有较明确的记载或描绘，如前述"仪门外为厂场，左右四门，东曰熙春，旋改为迎曦；南曰阜安，西曰澄川，北曰待诏。又阜安门外有秉节制坊"，仪门前还有钟鼓双亭对峙。仪门遗迹位置现为东辕门内混凝土地面停车场空地。对仪门地下遗迹勘探发掘，并将地下遗迹保护功能融入仪门历史建筑风貌复原设计后，方能实施原址仪门历史建筑风貌复原，达到历史建筑暨地下遗迹保护房的多功能复合建设，同时仪门前钟鼓亭、秉节制坊作为小体量但引导性强的历史建筑一并复原建设，其他仪门厂场的附属建筑不做复原建设，以免遗址公园中心区南部空间过于拥挤并影响中轴主景观。复原的仪门应依历史原状，比大门（头门）明显高出，突出官门之仪的传统。

七、大堂的风貌复原暨地下遗迹保护房建设

大堂是景德镇长官（督陶官）议事决策之署，其居中为堂为尊，是御窑厂中轴线上最重要的官署建筑，也是御窑厂作为皇家生产场所、皇家派遣的管理公署和地方行政公署多功能机构的重要体现，价值和意义极其重要。大堂历史原状是比仪门更大体量和尺度的重檐三间台阶式建筑。《景德镇陶录》、首都博物馆藏清御窑厂图瓷桌面等均有较明确的记载或描绘，如"中为大堂，堂后为轩，为寝""堂两旁为东西序"。大堂遗迹位置现为市政府住宅楼一部。拆迁

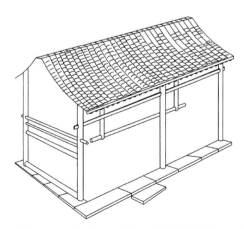

图1-23 唐英《陶冶图》圆器修模作坊复原示意图

腾空后,对大堂地下遗迹勘探发掘并将地下遗迹保护功能融入仪门历史建筑风貌复原设计,方能实施大堂历史建筑风貌复原,达到历史建筑暨地下遗迹保护房的多功能复合建设,但堂轩、后寝、东西两厢等附属历史建筑不做复原建设,以突出大堂及其后龙珠阁作为中轴线上和全园区主景观。大堂高度不超过 12 米,占地面积不超过 600 平方米。原址复原的大堂应比仪门明显高出,突出中堂至尊的传统。复原的大堂是御窑厂遗址公园中心区内面积、空间较大的历

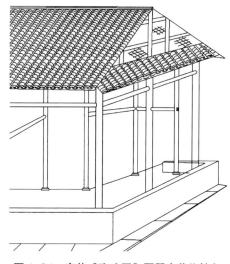

图 1-24　唐英《陶冶图》圆器青花作坊复原示意图

史景观,还应实现其景观、保护展示多功能作用,其内部可作遗址公园中心区内的御窑厂历史文化陈列展示厅建设,弥补中心区考古内容丰富但展示厅空间少的不足。

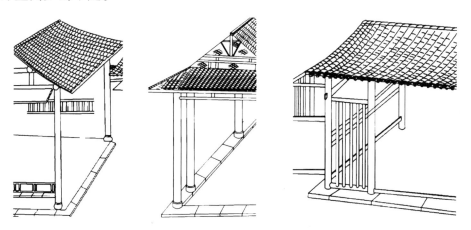

图 1-25　唐英《陶冶图》彩绘作坊复原图、明炉暗炉作坊复原图、束草装桶作坊复原示意图

八、东、西辕门的复原

东、西辕门是御窑厂东、西方向的重要出入口。御窑厂的东库房、西库房就是在东、西辕门附近。东辕门外又叫东门头,至今是景德镇的著名地理名

词,是目前御窑厂最重要的出入口,而西辕门是御窑中部通向前街(今中山路)的重要通道,是规划通向现状厂西历史街区的重要出入口。东、西辕门原为木构。原址复原建设采用历史外观风格,尺度和用材上考虑今后其作为遗址公园中心区中部重要导引式坊、大量游客进出遗址公园中心区的重要出入口、两辕门与胜利路和厂西历史街区交汇节点等多功能性,复原用材采用坚固耐用的当地石料。

九、考古遗址公园中心区地下安防设施和原御窑厂边界围栅的建设

1. 针对御窑厂遗址中心区各类文物埋藏丰富、前十年间曾有大量盗掘、传统人防措施不能根除盗掘的现状,建设遗址埋藏文物防盗的技术防范设备设施。

2. 历史上御窑厂边界是围合实体墙,既考虑恢复历史风貌、便于管理,又考虑到遗址公园中心区重要的游览观光、景深扩大和环境景观功能,建设御窑厂边界景观形象好、通透性较强的围栅,实行遗址公园中心区的半封闭管理。根据历史文献、考古研究,围栅总长度约 2 000 米。围栅不可过高,以1.8 米左右为宜。围栅桩柱采用传统的窑砖,辅以碎瓷元素,增加历史信息的可读性、特色性和观赏性。

十、中心区南部甬道地面的风貌复原暨地下遗迹玻璃罩建设

遗址中心区南部甬道历史原状为步行道,现甬道为行车道,使用率高,也是遗址中心区拆迁、建设等工程运输的通道。规划拆迁、建设主要任务完成于 2013 年,其现有功能可废除。2013 年,拆除现有非历史原状、供行车用而过于宽大的甬道,发现有地下遗迹的,其上安装玻璃罩,其他地面重新按历史风貌地面复原。玻璃罩设计可参照广州市南越国地下街道等遗迹保护案例。

十一、龙珠阁的基础加固和改造

虽然龙珠阁体量、高度远大于历史原状,其基础直接落于遗迹上,但近二十多年来已成为瓷都重要景观,故近中期予以保留、加固,远景规划按明至清前期朝天阁风格与珠山遗迹保护房复合功能重建。经龙珠阁建设前考古发掘证实,龙珠阁占压的珠山遗迹内涵主要为瓷业遗弃物堆积。2004 年,龙珠阁基础发生不均匀沉降导致的阁体倾斜隐患和险情,虽已采取过基础灌浆

加固处理,仍隐患较大,急需实施整体基础加固。施工中应配合考古清理工作,避免大面积扰动地下遗迹,遇有重要发现应终止施工,并修改、完善加固工程方案,也即将基础加固内容调整为基础加固结合地下遗迹架空展示的多功能工程。

图 1-26　遗址重要景观龙珠阁

十二、遗址博物馆暨出土御瓷修复中心的建设

　　遗址博物馆是多功能保护展示设施,作为遗址出土文物陈列保管设施、遗址出土御瓷修复中心、遗址学术研究中心、御窑瓷国际性展览交流中心兼遗址辅助性展示、服务设施,可极大弥补龙珠阁内景德镇陶瓷考古研究所文物陈列展示、保管研究和文物修复条件的不足。控制建设规模和体量,占地面积不超过 5 000 平方米,高度不超过 12 米,建筑面积不超过 12 000 平方米,其中陶瓷修复研究中心约占建筑面积 2 000 平方米。遗址博物馆的建设标准参照先进艺术类博物馆,注重大规模馆际交流陈列展示的要求。遗址博物馆与陶瓷修复研究中心的外观采用当地明清古建筑式样,外墙色彩采用瓷坯或窑砖色。

依托遗址博物馆设立御窑厂"陶瓷之路"国际展览交流中心,广泛开展与大英博物馆、卢浮宫博物馆、北京故宫博物院、南京博物院、中国国家博物馆和台北故宫等著名的御窑瓷收藏研究机构之间的展览、研讨交流,提高御窑瓷、御窑遗址、御窑遗址博物馆的知名度和中华瓷器的影响力。

1. 博物馆的陈列设计创新

通过窑包形旋转立体展柜分层自下而上分别展示元代、明代、清代瓷,增强地下出土文物的历史层次感,模拟考古发掘出的地层堆积制作陶瓷文化堆积墙,将发掘出的瓷器残片按地层的早晚,分别镶嵌于堆积墙上,增强考古现场直观感。如陈列中模拟复原窑炉、埋藏坑、墙体、水井等考古遗迹,通过蜡像人物展示陶工烧制瓷器的工艺、劳作场景。

通过激光投影、LED 屏显、FLASH 动漫、AR 和 VR 等高新科技的陈展方法,提高文物陈列的趣味性、可读性和观众参与体验。

2. 对御窑厂出土十数吨之多的元、明、清瓷器碎片进行持续、科学的修复和研究

出土御瓷修复中心是博物馆的重要功能性建筑,同时兼有展示、普及和社会民众参与文物修复技术工艺的特色游览功能,应成为持久性旅游项目。

十三、彭家弄北侧元官窑遗址保护展示房的建设和传统窑房、作坊、民居的维修加固工程

1. 外形设计、色调和高度与彭家上弄传统建筑风格协调,建设采用经典瓷器造型元素和传统窑砖样式材料,高度不超过 6 米,占地面积约 300 平方米。

2. 彭家弄有黄老大窑等清至民国时期传统窑房、作坊和民居多处,但均有较明显的破损,尤其是传统窑房作坊因使用功能的废弃,破损更加严重,应做全弄整体性维修和加固,并动员社会力量参与保护利用,通过制瓷作坊观光表演、窑房多功能展示等有偿使用,确保在使用中维护和发挥作用。维修加固建筑面积 6 000 多平方米。

第七章

御窑厂考古遗址公园交通和旅游服务等设施建设

一、交通设施建设的目标和重点

1. 目标

交通设施建设立足于遗址公园与周边城区内其他旅游景点的贯通更加便利。遗址公园对外交通以保持和改善现有格局为主,局部改造中山路贯通内外的功能及内部巷弄密布的通道网络。

2. 重点

应解决的重点问题之一是,现有老城区交通主干道的中华北路(御窑厂段)作为御窑厂东部历史风貌界线,紧靠御窑厂东围墙遗迹丰富地带,并紧联东侧的带状景观建筑建设区,其氛围不应与周边历史氛围、风貌产生冲突,改变过于喧闹、繁杂、拥塞的交通氛围现状,辟为除公交车外的机动车禁行道,改为老城区次干道,原有机动车道行线路改绕东向胜利路—莲社路—珠山中路或西向风景路—昌江沿岸—珠山中路。

应解决的重点问题之二是,建设贯通遗址公园外部与内部的中部交通东西轴线,也即拓宽并双向车行的胜利路—复建东辕门节点—复建西辕门节点—历史街区中部东西向弄巷—昌江。

二、交通设施建设的内容

2012 年至 2013 年实施拓宽胜利路并双向车行工程。2014 年至 2015 年实施东西向贯通遗址公园中部道路。遗址公园内部交通建设以此为重点,即恢复并疏拓御窑厂东辕门遗迹—西辕门遗迹—厂西历史街区中部东西向弄巷—昌江一线。2014 年至 2015 年实施局部改造中山路贯通内外的功能及内部巷弄密布的通道网络。

三、旅游发展的定位与目标

旅游发展的定位是全国和世界著名的特色陶瓷文化遗产地。

旅游发展目标是,近中期迅速成为赶超景德镇古窑陶瓷历史博览区的城区内和市域内游客量最大的游览型景区,迅速成为最具中国特色传统和知名度的历史古迹景区之一;远期成为世界著名的特色陶瓷文化旅游热点。

其他相关文化产业发展策略。以景德镇御窑厂国家考古遗址公园建设为契机,建设以御窑厂为公司名号的规模化新兴企业,如"景德镇御窑厂瓷业有限公司",以御窑厂古瓷复制仿制、御瓷创新创意生产为两大产业方向,以精益求精的御窑工艺和精神传统为企业理念,做优、做大、做强,带动景德镇陶瓷产业化、高精尖化的发展,促进、巩固陶瓷产业作为景德镇支柱产业之一的长远发展。遗址重点保护区现年游客人次 5 万,遗址公园中心区规划近期年游客人次为 30 万,遗址公园中远期年游客人次为 100 万。

四、游览网络系统建设的内容

建设遗址公园主题突出、丰富多样的内部观光游览系统。遗址公园内部观光游览系统以御窑厂遗址为中心,以与遗址西侧东司岭西百步之距的全国重点文物保护单位祥集弄明代富商住宅,以及中山路仿古步行街、迎祥弄、毕家弄等历史街区、昌江沿岸为背景和补充,组成突出御窑厂考古遗址公园核心地位、紧密联系瓷业和其他类文化遗产的外部观光游览系统。拥有巨大价值和意义的御窑厂考古遗址公园足以成为瓷都旅游的核心景观,其巨大吸引力还体现在它与所在的景德镇主城区及其郊区地段众多文化遗产(以瓷业遗址为主)具有紧密联系。紧密联系的对象有东北方向的莲花塘风景区、原景德镇陶瓷馆、陶瓷大世界,东南方向的金昌利陶瓷、国贸陶瓷广场、雕塑瓷厂、陶瓷学院、全国重点文物保护单位湖田古窑址、三宝蓬国际陶艺村,西北方向的三闾庙历史街区、香江陶瓷城,西南方向的景德镇古窑陶瓷博览区、全国中小学生陶艺教育基地,东北方向远郊区的全国重点文物保护单位高岭瓷土矿遗址、省级文物保护单位宋代红塔、清代浮梁县衙等。

五、中心区游览格局和旅游服务设施建设的重点内容

1. 中心区游览格局

以南大门作为公园中心区主入口，门内和两侧配套建设相关的服务、管理设施。御窑遗址博物馆建成后，东门将成为遗址公园中心区的另一个主要入口，建设配套服务、管理设施。

2. 大门、东辕门、龙珠阁以东侧门等出入口附近停车场的建设

拆迁大门前停车场，以便恢复遗址主出入口、甬道、照壁的历史格局和风貌。拆迁大门西侧的商店和南门头东司岭西沿珠山中路商住楼东端单元和其他单元二层以上住宅，调整和改善保留的商住楼一层现状商店作为遗址旅游服务之用，以便遗址大门入口西侧停车场建设和祥集弄明代民居及其历史街巷视线通廊和环境景观整治建设。在遗址公园中心区外围三区，尤其是以东的博物馆区和旅游服务风貌景观区内，通过社会投资实施御窑瓷复仿制或创新创意、游客 DIY 瓷艺制作、"新御窑"品牌孵化等商贸、营销服务设施建设。

3. 建设"御瓷再造"工场

御瓷再造工场分两个层次实施基地建设和营销，一是在御窑厂遗址上复建制瓷作坊的自作自烧过程，二是类似"官搭民烧"的社会委托方式。建设故宫御窑厂新基地，再续御窑厂与故宫 500 多年情缘，长效合作复仿、创意北京故宫、台北故宫、南京博物院，以及北京的圆明园、中南海、钓鱼台国宾馆等机构珍藏的大量明清御瓷，面向艺术界、全社会和世界推出一系列御瓷文化产品，延伸和扩展御窑厂遗址价值和知名度。建设御窑厂精品复仿制或创新创意生产专营商场。生产中外闻名的明代御窑厂宣德青花瓷、成化斗彩瓷、嘉万五彩瓷，以及清代康熙之臧窑和年窑精品、雍正乾隆之唐窑精品，如祭红釉、青花、五彩、素三彩、珐琅彩、粉彩、综合装饰等。

第八章
御窑厂历史街区和景观环境整治

一、历史街区整治的主要举措

2013 年至 2014 年实施完成历史街区传统民居内部、外立面和基础设施改造。对 20 户重点保护的历史民居做加固、卫生、消防、电路、采光等整修建设，对 120 多户保留级的传统民居分批做加固、卫生、消防、电路、采光等改造建设，对其他整治级传统民居做加固、卫生、消防、电路、采光等整治建设。弄堂外立面和基础设施改造整治项目含六条主要弄堂，改造整治总长度约 1 800 米，改造对象为给水排水、弱电强电、邮政通讯、环境卫生等设施。

图 1-27 御窑厂遗址历史街区建筑的保护与更新规划图

二、景观环境整治的主要举措

2012 年至 2014 年实施完成景观环境和绿化建设,完成沿昌江生态景观路建设。考虑到考古遗址公园区域属老城闹市区,为传统居住、商业密集地,建筑大多较低,为不影响景观视线,绿化以植草为主,绿化景观可适当采取特色瓷器造型或其他形态元素。中心区加强绿化,绿化率目标为 30%,合计绿化面积约 15 000 平方米,除保护房、展示设施、步行道等公共用地以外,其余空地经考古勘探、发掘,确认无重要地下遗迹的,原则上绿化,以防止水土流失,改善遗址环境和景观。考虑到中心区外围区域属老城闹市区,为传统居住商业密集地,实际可用公共绿化地较小,大规模集中绿化不可行,故绿化目标以改善为主,以多点小块为策略,绿化率目标为 20%。

第二篇　宜黄谭纶墓的勘察和保护研究

谭纶，明代抗倭名将、民族英雄，江西宜黄县二都镇人，生于明正德十五年（1520年），嘉靖、隆庆两朝重臣，历任浙江台州知府、福建巡抚，病卒于明万历五年（1577年），年五十八，《明史》卷二二二有《谭纶传》。谭纶墓位于宜黄县二都镇帘前村，1957年被公布为江西省文物保护单位，2013年被国务院公布为第七批全国重点文物保护单位。宜黄县谭纶墓基础性保护工作较好，文物保护单位"四有"工作基本完备，公布了墓葬保护范围和建设控制地带，设置了保护标志牌、界桩，建立了记录档案，明确了文物保护责任机构。同时，谭纶墓历经时代的变迁，遭受自然侵蚀及几次人为盗掘，墓葬本体、石像生以及石牌坊等文物的保存状况较差，周边景观环境改变很大，爱国主义教育基地的作用没有得到充分发挥，保护和管理面临一定压力，制约和影响了文物价值的体现。2014年1月受宜黄县委托，笔者携江西省文物保护中心有关人员对谭纶墓开展本体保护及其环境整治工程设计工作，对墓葬及其周边环境进行了现场实地勘察，探讨研究了墓葬及其周边环境保护修缮工作。其间，杨强义、王菲、徐礼进行了石质文物的有关调研和制图等工作，为本文提供了较大支持。

第一章
谭纶墓概况和价值评估

一、谭纶墓所在地交通区位和自然环境

宜黄县隶属江西省中部偏东的抚州市,位居抚州市南部,距抚州市区61公里,距省会南昌158公里。抚吉高速宜黄段已建成通车,区位条件优越。谭纶墓近宜(黄)宁(都)公路,距县城12公里,距二都乡3公里。

宜黄县为山区与平原过渡地形,多山地,山地主要分布于县境东南、西北的边境和中部。据宜黄县气象局1959—2007年资料统计,县多年平均降雨量为1 791.96毫米,年最大降水量2 619.2毫米(1970年),年最小降水量1 073毫米(1963年),降水年内分配不均,主要降雨量集中在3—6月,其3—6月降雨量约占全年降水量的58.2%。区内多年平均气温17.8℃,月平均最高气温28.7℃,月平均最低气温5.0℃,极端最高气温42.1℃(1971年),极端最低气温-9.3℃(1991年)。多年平均相对湿度为82.3%。夏季风向偏南,秋季风向偏北,春秋季风向多变,平均风速2.2米/秒。多年平均日照时数1637小时,无霜期为276天,年平均雾日48天。宜黄河为县主要河流,由宜水、黄水、曹水三条支流在县城相汇而成。黄水发源于宜黄西华山东麓,经黄陂、二都等地,在宜黄县城与宜水汇合,黄水控制流域面积973公里^2,河道全长82.2公里,平均比降7.02‰。宜黄县境内的洪水均由暴雨产生,汛期一般由3月开始,8月结束,洪水一般是陡涨陡落,峰形呈不对称型、单峰型居多,多峰型较少,涨洪历时较短,一般为10小时左右。

谭纶墓位于宜黄县二都镇帘前村鹿塘庞家畲,地理坐标为东经116°04′、北纬27°20′,属黄水流域,所在沟谷内发育一条季节性冲沟溪流,

溪流向东注入黄水,流量随季节而变化。墓地坐落在呈斜坡的山腰上,距山脚下水田相对高程约 25 米。宜黄至二都公路在墓前 600 米处作东西向横穿,公路南侧紧依着宜黄河。墓以西为陡峭丹霞地貌的石崖,墓后山地丛林连绵屏护,长满松林及灌木。

二、谭纶墓文物构成

谭纶墓建于万历七年（1579 年）,占地面积约 3 000 平方米,墓地建筑延续 400 米左右,由祭道、牌坊、神道、墓体四个部分组成。

祭道从谭纶墓区入口处起,止于牌坊,长约 300 米,以砖石铺就。墓区入口处门楼为当代所建,门外南向近宜宁公路处的入口为一对石狮,高 167 厘米、宽 66 厘米、长 130 厘米,剥蚀严重,轮廓模糊。墓前石牌坊共三座,中间牌坊与两侧牌坊一字排列,均为四柱三间,麻石雕刻。中间牌坊为历史文物,两侧牌坊为当代所建。中间牌坊更为高大,面宽 7.3 米、高 5.2 米,额枋正反两面铭刻"勑葬太子太保兵部尚书谥襄敏谭公墓"。每个牌坊柱头均有石雕坐狮对应压座,额枋上刻云彩图案。牌坊之后是一汪池水,当地称为"月池"。牌坊至墓体有 101 米长的神道,牌坊后一条卵石拼花石板路沿左山斜坡而上,是五层石板台阶。前四层台阶每层均由十块长条石铺成,最上一层为四块,共54 块条石。第一层设石豹一对,高 141 厘米、宽 54 厘米、长 98 厘米;第二层设石羊一对,高 122 厘米、宽 36 厘米、长 142 厘米;第三层设石马一对,高 222 厘米、宽 45 厘米、长 233 厘米;第四层原为二尊武将,现不存;第五层原为二尊手捧朝板文官,仅存一侧文官,高 120 厘米、宽 74 厘米、厚 59 厘米。

墓体长 30 米、宽 20 米,沿山坡以红石砌罗圈墙三层,每层高 1.2 米,中嵌石碑,左右两侧砌红石台阶至墓顶。最下层之中嵌 6 块高 80 厘米、宽 50厘米黑色大理石神道碑。中间一层嵌 4 块高 75 厘米、宽 50 厘米灰色花岗岩祭文碑。最上层墓阙由条石、石雕华板和"奉天诰命"御制碑组成,华板宽 50 厘米,墓阙为仿牌楼式歇山顶,高 2.35 米、檐宽 2.35 米、碑高 1.4 米、宽0.75 米。护墙由护栏、石板左右各四拼合组成,呈半环状,直径为 5.5 米。墓阙前封土上为圆形墓顶石,墓顶石整体两层,通高 80 厘米。下层为扁圆形石座,周长 2.58 米;上层为一石宝珠,周长 2.1 米,雕二龙戏珠图案,云彩填贯其间。墓阙后面为墓冢堆,封土长 4 米、宽 3 米。墓室长约 3 米、宽 0.65 米、高

0.8 米,封土高 1 米,顶部封土中埋数排瓷碗,碗口向下,中填石灰,碗为青釉色、口径 18 厘米、底径 6.5 厘米、高 7.5 厘米。墓室四周为三合土,外砌 30 厘米厚长砖。

三、谭纶墓历次修缮工程和考古发掘与研究工作

清代至民国,谭纶墓两次被盗掘,之后皆由谭氏家族筹资修复。1957 年谭纶墓被公布为江西省文物保护单位后,县人民政府拨款维修。"文化大革命"时期谭纶墓遭严重破坏,墓顶盖被毁,地面麻石和牌坊夹柱石大部分被挖走,石人、石兽等被推倒折断。1982 年谭纶墓被盗,墓顶开洞,之后江西省文物考古研究所进行了抢救性清理。1984 年江西省文化厅拨款维修。1987 年重新公布谭纶墓为江西省级文物保护单位。1988 年江西省文化厅对谭纶墓再次修缮,并于 1990 年追加谭纶墓的修缮经费。2002 年宜黄县政府筹资200 多万元修缮谭纶墓,重点修缮了神道、石雕和牌楼。

1982 年宜黄县将谭纶墓列为文物普查重点进行实地勘察。1982 年谭纶墓被盗后,江西省文物考古研究所对墓室进行了抢救性清理,墓室封土高1 米左右,四周为三合土夯成,外砌 30 厘米厚的长砖,墓室长约 3 米、宽 0.65米、高 0.8 米,墓室顶部封土中置放数排瓷碗,碗为淡青釉,口径 18 厘米、底径 6.5 厘米、高 7.5 厘米,碗口向下,碗中填石灰,墓室内未发现骨骼、木炭和任何随葬品。1990 年至 1993 年抚州地区文物管理所和宜黄县文物管理所对谭纶墓进行了全面复勘,并完成谭纶墓资料建档工作。2013 年,《谭纶墓保护规划立项申请书》通过国家文物局审批,随后编制了《谭纶墓保护工程立项报告书》,推动了谭纶墓的保护工作。

宜黄县设立了谭纶墓保护管理机构。现使用机构和专门保护管理机构均为宜黄县文物管理所,隶属宜黄县文化局,级别为股级,在职人员 3 人,属县财政全额拨款事业单位。谭纶墓的安全保卫组织由宜黄县文化局、宜黄县文物管理所和帘前村委会、谭氏家族共同组成,安全保卫由宜黄县文物管理所具体负责,聘请帘前村委会鹿塘小组人员任专职文物保护员,安保制度与责任人员均落实到位。谭纶墓出土文物保存于宜黄县文物管理所库房中,保管妥当。1983 年以来,当地文物管理部门加强谭纶墓安全管理工作,没有发生安全责任事故。

图 2-1　墓前甬道和谭纶墓

四、谭纶墓价值评估

在文物保护工作中，"价值评估应置于首位"①。谭纶墓是明朝代表性的高等级官员墓葬，具有重要的历史、科学、艺术和社会价值。一是谭纶墓是明

---

① 国际古迹遗址理事会中国国家委员会：《中国文物古迹保护准则（2015 年修订）》，文物出版社，2015 年，第 7 页。

代中后期历史的重要见证之一。谭纶是明代杰出军事家、抗倭名将、民族英雄,与戚继光齐名,号称"谭戚",名垂千古;谭纶历事三朝,戎马一生,抗倭戍边屡建奇功,戚继光、俞大猷等一大批战将均得到其推举、重用,被史家称为"善任俞戚而建大勋",《明史》卷二二二称其"积首功二万一千五百"。其著作有《谭襄敏公奏议》《睹物寓武》等,明神宗在赠谥敕命文中称谭纶为"文武通才""甲科英生""国之元勋",卒赠太子太保、谥襄敏。谭纶在明代戏曲史上有一席之地。谭纶喜爱乐艺、精通曲律,在浙江台州任职期间,对当时流行于我国的四大声腔之一海盐腔,颇加赏识和推广,将其带回宜黄,教习本地艺人,并将弋阳腔融入其中,促进"宜黄腔"创制,发展成国内著名的"宜黄戏"。目前,"宜黄戏"为国家级非物质文化遗产项目。二是谭纶墓体现了古代天人合一的建筑环境科学理念和明代高等级官员墓葬营造之制。其选址布局是中国传统的天人合一、葬制与山水相称等理念的反映,神道、牌坊、墓阙等纵深布局和石像生中轴对称形制保存较完整,并与自然环境完美结合。墓园以四周山川水系作为空间构成的主体要素,以墓葬背后的自然山体作为依托,以两侧山体环护,以墓葬前之山丘为屏山,墓葬四周草木葱茏,体现因山为陵、背山面屏、藏风聚气的高等级葬制设计理念。三是谭纶墓堪为内容丰富的明代艺术宝库之一。墓园残存石雕、石刻艺术精湛,石人、石马、石羊、石豹、石狮均雕工刚劲,刀法简捷,形神兼备,是明代石刻工艺精品。谭纶墓发掘出土一定数量的明代瓷器,器型优美,釉面完好,装饰图案丰富,具有较高的艺术价值。四是谭纶墓具有重要的社会影响。谭纶抗倭功绩深入人心,谭纶墓全国知名度较高,在省内和当地影响很大,2006 年被抚州市委批准为该市首批爱国主义教育基地之一。有效地保护和合理利用谭纶墓的阶段性成果,表现为促进了当地的爱国主义教育和宜黄县文化旅游的发展。

第二章

谭纶墓主要问题和病害勘察

谭纶墓历经400多年沧桑,遭受自然环境因素影响、营力侵蚀和人为破坏,周边山体环境有了改变,墓葬本体、石像生和石牌坊等文物有一定损坏,保护性设施也有残损。

根据对谭纶墓工程地质勘察、考古调查、现场勘察和石质文物实验分析的结果,墓葬周边山体及本体现存的主要问题和病害有:水土流失、边坡失稳、植被过度生长、罗圈墙破坏、台阶残破、排水不畅、石质文物病害、现代墓葬破坏环境原貌以及盗掘等人为破坏等。

图 2-2 谭纶墓水土流失

一、墓区内水土流失

谭纶墓所处地山体地下 5.0 米范围内无地下水,墓葬埋深 2.0—3.0 米。但当地雨量丰沛,夏季经常有强降雨发生。墓葬本体背靠山丘,地面比四周低,大量降雨不断地顺坡而下冲刷山体,造成水土流失,并加速墓葬风化破坏,使封土流失、高度变矮,对墓葬本体造成负面影响。地表水形成径流后会对山体边坡表面造成侵蚀,带走山体表面松软的土质,并不断加深侵蚀。植被较少的山体,水土流失更加严重,局部覆土层冲沟纵横。这类问题大部分出现在山体的顶部、坡度较大且可形成汇水面的区域。

二、墓区内边坡失稳

墓葬周边的三座山体上分布陡坡,其上发育大量冲沟,局部地段陡坡出现坍塌隐患,影响陡坡的稳定性。墓葬区由于路堑的开挖,形成东西两个陡地壁面。两壁面有面段露出残积土,高 1.5—2.5 米。在人为开挖和雨水冲刷的作用下,山体松散土层极易发生大面积滑塌错动、形成大型滑塌体。墓葬周边山体存在多处滑塌隐患。根据边坡的地层分布及地形的不同,各选取代表性的计算剖面进行稳定性评价。

图 2-3　牌坊左侧边坡现状

1. 神道东侧排水沟边边坡。西南走向 46°,上部出露第四系残坡积土

层,厚约 3.0 米,下部出露强风化白垩系砂岩,岩体较破碎。坡高 8.5—10.0
米,坡度为 62°。该边坡坡度较陡,积土层较松散,极易引起坍塌,淤堵排水
沟,淹没神道。

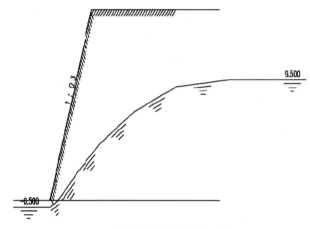

图 2-4 神道东侧排水沟边坡简图

表 2-1 神道东侧排水沟边边坡稳定性系数计算成果

位置	工况	当前状态	
		稳定安全系数	评价
祭道东侧排水沟沟边边坡	天然状态	1.309	稳定
	暴雨作用	1.189	欠稳定

　　2. 墓体北侧边坡。正南走向 75°,上部出露第四系残坡积土层,厚约 1.0
—1.50 米,下部出露强风化白垩系砂岩,岩体较破碎。坡高 20.0—25.0 米,整
体坡型较缓,坡度 35°。墓体西侧明显出露强-中风化砂岩,东侧上部为残积

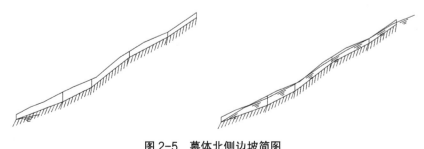

图 2-5 墓体北侧边坡简图

土,下部为强风化砂岩。计算结果,墓体北侧边坡稳定系数一般状态下大于1.30,但在暴雨作用下小于1.1,边坡处于欠稳定状态,稳定性较差。该坡体上植被发育,覆盖层分布较薄,坡度较平缓,边坡较稳定,但暴雨作用下,或引发土体软化松动,松散土体随雨水冲刷掩埋墓体,危及墓体稳定。

表 2-2 墓体北侧边坡稳定性系数计算成果

位置	工况条件	稳定系数	安全系数	剩余下滑力 (千牛顿 / 米)	稳定状态
墓体北侧边坡	一般自然状态	1.325	1.30	−81.23	稳定
	暴雨饱和状态	1.039	1.30	10.28	欠稳定

3. 牌坊左侧边坡。东南走向 55°。上部出露第四系残坡积土层,厚约 0.5—3.0 米,下部出露强风化白垩系砂岩,岩体较破碎。坡高 3.5—5.50 米,整体坡型较缓,坡度 25°。该边坡较低矮,坡度平缓,上部残坡积土层分布较薄。由计算结果可知,牌坊左侧边坡稳定系数在自然和暴雨作用下均处于稳定状态,稳定性良好。

表 2-3 牌坊左侧边坡稳定性系数计算成果

位置	工况条件	稳定系数	安全系数	剩余下滑力 (千牛顿 / 米)	稳定状态
牌坊左侧边坡	一般天然状态	1.356	1.30	−17.27	稳定
	暴雨饱和状态	1.305	1.30	−14.50	稳定

4. 墓体东侧边坡。走向 25°,向东南倾斜。上部出露第四系残坡积土层,厚约 0.5—1.0 米,下部出露强-中风化白垩系砂岩,岩体较破碎。坡高 25.0 —30.0 米,整体坡型较陡,坡度 40°。该边坡较高,坡度较陡,但上部残坡积土层分布较薄,坡体大都强-中风化砂岩,因此坡体稳定性较好;局部在暴雨作用下,可能存在少量土体软化松动,出现塌滑,但对墓体影响较小。由计算结果可知,墓体东侧边坡稳定系数在自然和暴雨作用下均大于1.3,边坡处于稳定状态,稳定性良好。

表 2-4　墓体东侧边坡稳定性系数计算成果

位置	工况	当前状态	
		稳定安全系数	评价
墓体东侧边坡	一般天然状态	2.38	稳定
	暴雨作用	1.352	稳定

四、植被维护欠佳

墓葬区域及周边山体均生长有大量植被,包括乔木、灌木以及草本植物,主要以柏树、杉树、桐树等树木为主。山体上草本植物根系分布密集,其根系主要分布在 0—40.0 厘米的土层中,浅根系在山体表面起到了浅层加固作用,有效减缓了雨水对山体的直接冲刷,起到了保护的作用。但是植物维护不足,过度生长,杂草遍布,墓体生长出较多小树,对墓葬本体和山体有破坏作用,体现如下:

1. 植物根系发育延伸导致墓葬体产生大量裂隙,渗水加剧了墓葬其他病害的产生,威胁到墓葬本体安全、稳定性,同时,植物生长在立面山体,植物的根劈作用导致山体立面裂隙发育,产生局部山体坍塌隐患。

2. 植物腐烂产生大量的有机酸,加之墓体常年潮湿,苔藓丛生,导致霉菌滋生,加速了墓葬土体的风化。

图 2-6　墓区植被维护欠佳,罗圈墙被新设当代碑刻改变原貌

五、墓体罗圈墙破损

山坡红石砌筑三层挡土罗圈墙,每层高 1.2 米,中嵌石碑。

最下层中间镶嵌 6 块高 80 厘米、宽 50 厘米黑色大理石组成的神道碑,中间一层镶嵌 4 块高 75 厘米、宽 50 厘米灰色花岗岩祭文碑,均为近些年修缮谭纶墓时嵌立,对罗圈墙原貌造成破坏。同时,罗圈墙红石局部缺失、松动、错位。

图 2-7　红石台阶松动、断裂

六、台阶残破和神道维修不当

墓葬主体左右两侧红石台阶由于长期人为踩踏和雨水侵蚀,红石台阶出现不同程度的磨损、断裂、缺失和风化。

神道共 101 米长。在 2002 年修缮工程中,为了方便游人参观,跨越"月池"修建卵石石板桥,外观突兀,与墓葬整体风貌和内涵不相协调,影响谭纶墓的文物原貌和历史环境氛围,破坏了墓葬的真实性和完整性。另外,卵石铺墁地面与墓葬原有的条石地面风格不相一致,且卵石间隙较大,容易滋生杂草。神道条石铺墁地面局部断裂,杂草丛生。

图 2-8　神道磨损、断裂

七、墓区排水不畅

墓葬主体区域内主要是靠山体坡度自然排水,墓冢地势较高,地表水沿山势向下排出。但是,由于覆土与杂草掩盖,导致原排水走向无序,拜坪两侧的排水沟淤堵严重,杂草丛生,对墓葬本体造成冲刷、侵蚀破坏。在神道通往墓体的两侧分布有排水沟,沿山脚分布,沟宽约 0.40—0.50 米,深约 0.10—0.30 米,由于山体水土流失严重,山上的泥土随着地表水流向山脚排水沟,且杂乱的植被覆盖排水沟,积水滞留排水沟中,堵塞排水沟。一旦遇到强降雨,泄洪不畅,水漫流至神道表面,会起到较大破坏作用。

图 2-9   石墓阙、石狮、石牌坊生物病害

八、谭纶墓石质文物存在严重病害

石质文物主要包括石像生、石牌坊和墓顶石、墓阙、墓体两侧的石栏杆

等,共 12 处。通过勘察和分析,石质文物的病害主要有:生物病害、外力损伤、表面风化、裂隙、表面污染与变色、水泥修补以及人为破坏等。这些问题主要是由雨水冲刷溶蚀、温湿度变化、生物破坏、大气降尘污染、人为破坏等原因所造成。根据对 12 处石质文物病害程度勘察评估,病害程度有微损、中度、严重、濒危等多种情况。石质文物具体病害现状如下。

一是石质文物生物病害。石质文物因生物在其表面生长繁衍,导致各类病害。勘察发现谭纶墓石质文物存在的病害主要是微生物病害,石像生、石墓阙、石牌坊等几乎所有石质文物表面都存在此类病害。一方面,苔藓、地衣等微生物菌落在石质文物表面繁衍生长,在其表面留下绿色、白色、黑色等各种颜色的生物污染物,影响了石质文物的外貌。另一方面,微生物在新陈代谢过程中分泌的大量无机酸和有机酸,腐蚀石材中的胶结物,破坏石质结构,加速文物的分解,导致石质文物表面风化、疏松剥落,字迹及纹饰模糊不清。石质文物植物和动物病害偶有发现。藤类植物生长于石质文物裂隙之中,通过生长根劈作用引起破坏。昆虫、蜂蚁等在石质文物表面、空鼓及其裂隙等部位筑巢、繁衍,其排泄分泌物污染或侵蚀文物表面,蛀蚀石质文物内部,致其出现蛀蚀空洞,减弱了石质文物的强度。

二是石质文物外力损伤与断裂。外力损伤因撞击、受力不均等外力作用引起,造成谭纶墓石质文物的局部缺失、贯穿性且明显位移的断裂或错位。

图 2-10　石牌坊、石墓阙栏杆断裂

图 2-11 石牌坊局部风化

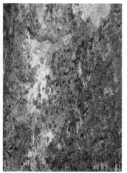

图 2-12 石质文物表面剥落、风化

三是石质文物表面风化。表现形式有表面的粉化脱落、泛盐、片状剥落、溶蚀、鳞片状起翘与剥落、孔洞状风化，尤其是表面的溶蚀、片状剥落及粉化脱落。谭纶墓石质文物是较为疏松的沉积岩，露天环境下长期遭受雨水冲刷，表面易形成坑窝状或槽状溶蚀，进而导致石质文物局部表面纹饰消失，酸性降雨则加剧这一现象。环境周期性的温湿度变化、冻融作用及水盐活动等综合作用，导致部分石质文物表面酥粉剥落，手触即成粉末。石质文物的表面受到外力扰动、水盐破坏、温湿度周期变化等因素的影响，还导致石质文物表层片状、板块状剥落。

四是石质文物裂隙。分为物理裂隙、浅表层裂隙及构造裂隙三种类型。谭纶墓石质文物以物理裂隙为多。物理裂隙大多因外力扰动、受力不均引起，石质文物的开裂裂隙多深入石材的内部，威胁到石质文物的整体稳定，裂隙交切、贯穿会导致石质文物整体断裂和局部脱落。浅表层裂隙也叫风化裂隙，系因自然风化、溶蚀现象导致的沿石材纹理发育，比较细小，延伸进入石

图 2-13　墓阙檐后披和侧披构造裂隙

图 2-14　石质文物的粉尘污染和人为污染

质文物内部较浅,多呈里小外大的 V 字型裂隙,并随着风化和溶蚀的继续使裂隙逐步加深加宽,危及石质文物的安全。构造裂隙也叫原生裂隙,是石材自身带有的裂隙,阙檐后披和侧披存在构造裂隙,还有阙右下角构造裂隙,竖切石雕花板裂隙。

五是石质文物表面污染与变色。由于灰尘、污染物和风化物的沉积,导致谭纶墓石质文物表面污染和变色。表现形式有:粉尘污染、水锈结壳、人为污染。有的石质文物表面有大量的灰尘及风化产物污染,有的石质文物表面已经完全发黑,并且表面残留有大量降尘,掩盖了石质文物外表,影响了其外观。有的石质文物表面不仅可以看到雨水冲刷溶蚀的痕迹,还有白色及红色的钙质结壳。

六是石质文物人为污染和水泥修补问题。有人为涂鸦和不当修复造成的石质文物污染现象,还有不当修复引起的变色与污染。2002 年修复工程中,为修补、粘接石质文物,多处地方错误使用了水泥修补,石栏杆表面残留大面积的有机胶,明显违背了文物保护修复不改变文物原状的原则,影响了石质文物的原貌。

表 2-5 石质文物病害状况

编号	名称 高 × 宽 × 长（米）	病害状况描述
1	石牌坊 5.2 × 7.3	表面风化、污染变色、裂隙、微生物破坏和不当修复等。石柱顶端石坐狮、额枋云彩图案,均被微生物及降尘所污染,表面呈黑色,掩盖了原有纹饰;牌坊额枋正反两面镶刻"勅葬太子太保兵部尚书谥襄敏谭公墓",风化作用下字迹模糊;石柱物理裂隙,外力作用下容易倾倒、不稳定。
2	石狮-西 1.67 × 0.66 × 1.30	微生物生长及降尘污染导致其表面污染严重,表面发黑;降雨冲刷导致表面溶蚀严重,石狮轮廓较模糊。
3	石狮-东 1.67 × 0.66 × 1.30	微生物生长及降尘污染导致其表面污染严重;降雨冲刷导致表面溶蚀严重,石狮轮廓较模糊。
4	石豹-西 1.41 × 0.54 × 0.98	局部因微生物生长及降尘污染其表面污染严重,表面呈黑色、绿色;降雨冲刷导致表面溶蚀严重,石豹轮廓较模糊。

（续表）

编号	名称 高 × 宽 × 长（米）	病害状况描述
5	石豹-东　1.41 × 0.54 × 0.98	水泥修复痕迹严重,被修复的部位与周边的表面颜色和质地有很明显的差别,影响了原貌。局部受降尘污染致其表面变黑;长期受降雨的冲刷,表面有溶蚀。
6	石羊-西　1.22 × 0.36 × 1.42	局部缺失严重,原有形态遭到破坏,影响其完整性。水泥修补痕迹严重,被修复的部位与周边的表面颜色和质地有很明显的差别,严重影响文物原貌。
7	石羊-东　1.22 × 0.36 × 1.42	有物理裂隙、表面溶蚀、微生物及大气降尘污染。耳部局部残缺,表面有溶蚀痕迹,粉尘污染严重,残留有微生物斑迹。
8	石马-西　2.22 × 0.45 × 2.33	微生物生长及大气降尘污染导致其表面污染严重,表面呈黑色严重影响其外观。降雨冲刷导致表面溶蚀严重,表面风化、疏松,部分呈片状、粉状脱落。颈部有物理裂隙,在外力的作用下容易断裂。
9	石马-东　2.22 × 0.45 × 2.33	水泥修复痕迹严重,影响了原貌。局部微生物生长及降尘污染导致其表面污染严重,呈黑色。表面溶蚀严重、风化疏松,部分呈片状、粉状脱落。石马头部为2002年维修时所加,修复痕迹严重,不协调。
10	文官像　1.20 × 0.74 × 0.59	缺失严重,现存只有上半身。水泥修复痕迹严重,影响了原貌。
11	墓阙　2.35 × 2.35	表面风化严重,受降雨的冲刷导致表面溶蚀严重,大面积风化疏松,部分呈片状、粉状脱落。微生物破坏严重,石刻表面有黑色、绿色、白色等斑点。微生物在新陈代谢过程中分泌大量无机酸和有机酸,腐蚀石材中胶结物,破坏石质结构,加速分解,导致石质文物表面疏松剥落。
12	墓体栏杆	表面残留大面积2002年粘接修复时的有机胶,栏杆多处出现断裂现象,降尘使栏杆表面污染严重。

表 2-6　石质文物主要病害分类统计和综合评估

病害类型 / 编号名称	生物病害			外力损伤	表面风化				裂隙			表面污染与变色		水泥修补	综合评估
	植物病害	动物病害	微生物病害		表面粉化脱落	表面片状剥落	表面溶蚀	孔洞状风化	物理裂隙	表层裂隙	构造裂隙	大气及粉尘污染	水锈结壳		
1　石牌坊			✓	✓✓	✓	✓✓	✓	✓	✓	✓		✓	✓		严重
2　石狮-西	✓	✓	✓	✓			✓	✓				✓			严重
3　石狮-东	✓	✓	✓	✓			✓	✓				✓			严重
4　石豹-西			✓				✓								微损
5　石豹-东			✓				✓	✓							中度
6　石羊-西			✓				✓	✓				✓	✓		濒危
7　石羊-东			✓				✓	✓							中度
8　石马-西			✓				✓	✓							中度
9　石马-东			✓	✓			✓	✓				✓	✓		严重
10　石文官			✓	✓			✓					✓			濒危
11　墓阙			✓	✓	✓		✓		✓	✓	✓	✓			严重
12　墓体石栏杆			✓	✓			✓		✓				✓		严重

九、其他问题

1. 现代墓葬破坏文物环境

据现场勘察,墓葬区域范围内分布有 5 座现代坟墓,它们不仅对墓葬周边山体造成了直接的破坏,更严重影响到文物历史环境。

2. 盗掘破坏文物本体

历史上,谭纶墓多次被盗。清朝及民国时期谭纶墓曾两次被盗掘,1982 年

12 月墓葬再次被盗,盗墓者从墓顶偏右处打一洞潜入墓室。人为盗掘是极其恶劣的违法行为,对墓葬的原貌破坏极大,严重损坏其真实性和完整性。

3. 保护性设施面临问题

1984 年至 2002 年,当地政府和省文化厅多次拨款维修谭纶墓,尤其是 2002 年宜黄县人民政府筹资 200 多万元修缮谭纶墓,主要措施有:建设门楼、门房和围墙,铺设卵石祭道,平整神道地面,整治景观环境,树立参观标识牌,增设其他服务设施等。时隔十几年,由于自然因素与管理不善的原因,谭纶墓区域内的许多保护性设施残损,失去其原有的功能,具体情况如下。

(1)门楼、门房问题

经过十几年的风吹日晒,门楼、门房破旧,存在漆皮脱落、瓦件散落、门窗破烂等现象。

(2)祭道问题

从门楼到牌坊砖石祭道约 300 米,两侧杂草丛生,影响了墓葬范围景观环境。另

图 2-15 破坏文物环境的现代墓葬和墓东侧盗洞

外,2002 年祭道两侧新增设了大量的石像生,有石狮、骆驼、象、马、武将、文官等,均属不合理修复行为,不符合明代丧葬等级制度,破坏了谭纶墓的真实性。祭道两侧无组织排水,问题较大。在自然排水状态下,地表水流向不合

理,祭道表面易形成积水。祭道末端的游步道是由卵石、水泥铺设而成的台阶,每级台阶的高度各不相同,有的甚至相差很大,且台阶表面凹凸不平,不利于游客的行走,风貌亦与墓葬的整体景观环境不相协调。

图 2-16 祭道排水不畅、杂草丛生

（3）围墙问题

现有墓葬保护范围围墙,对墓葬保护起到一定的作用。但墙体残损严重,出现开裂、倾斜、倒塌、人为破坏以及墙体缺失等问题,而且有的区域墙体过于低矮,有的区域只有水泥界桩而没有围墙,外来人员随意进入文物保护范围之内。另外,围墙砌筑整体风格不相统一,有红砖清水砌筑,也有外抹水泥砂浆墙等,与墓葬的景观环境不协调。

（4）保护标志牌问题

门楼处设置的保护标志牌不符合全国重点文物保护单位标志牌的设置规范,而且缺少说明牌以及相关的指示牌。

图 2-17　围墙开裂、缺失

4. 周边建筑干扰历史风貌

　　墓葬区围墙西南角为帘前村村民住宅楼,对谭纶墓风貌有一定的负面影响,特别是门楼南侧的一座长期"烂尾"的四层未完工建筑物,通高 18 米,场地杂草丛生,沙石、煤渣等建筑材料任意堆放,对墓区历史风貌负面影响较明显。

第三章
谭纶墓保存现状总体评估

现场勘察发现,谭纶墓范围内水土流失、边坡失稳、植被过度生长,墓葬本体残损,石质文物微生物病害、局部缺失、表面溶蚀、片状剥落、物理裂隙、粉尘污染、水锈结壳,以及现代建筑物影响景观等问题,对谭纶墓保护、管理造成威胁,影响墓葬的真实性、完整性和延续性。

造成文物残损或病害的因素,有文物内质因素、外部自然因素和人为因素,它们综合、协同作用,加速了谭纶墓的风化和损坏,尤其以外部自然因素更为复杂。

一、文物本体特性

包括石质文物本体自身的组成、性质及结构。谭纶墓石刻岩体为青砂岩,矿物成分主要为石英、方沸石、歪长石、生石膏,属于沉积岩,很容易受到水、温湿度和风的侵蚀,易在石刻表面形成一层水锈钙质结壳。

二、外部自然因素

包括自然营力的破坏,主要是温湿度变化、水的作用、可溶盐作用和灰尘等等物理破坏,还包括有害气体的化学破坏以及微生物、动植物破坏,具体如下。

1. 温度变化。根据 1986 年至 2005 年宜黄县月平均气温表,可以看出该区域各季温度变化较大。谭纶墓石质文物所处环境年平均气温 17.7 ℃,最高温度 41.1 ℃,极端低温为 −12.2 ℃。由于温度的周期变化从而导致石材的热胀冷缩,这些变化使石材内部产生张缩应力,导致其稳定性下降,具体表现为片状剥落、裂隙等。由于温度传导的梯度,产生内外张力,破坏作用也很大。

另外,温度的变化引起可溶盐的溶解与重结晶,对石质本体产生破坏。

2. 湿度变化。相对湿度变化是由温度变化引起。由于饱和水汽含量随温度降低而减小,当绝对湿度不变时,随着气温下降,相对湿度随之增高,这时岩体内部的可溶盐大部分被溶解;而当温度升高时,空气中的相对湿度减小,这时岩体内部的水汽会向外蒸发,因此可溶盐随着水的传输被迁移到岩体表面,随着水的蒸发在表面富集并且结晶,结晶体的体积增大会对石刻产生破坏作用,长时间的这种反复不断的溶解—结晶,会使石刻变得疏松,最后逐渐脱落。谭纶墓所在地区相对湿度较高,年平均相对湿度为82%,由于湿度较高导致石质文物表面滋生有大量的苔藓、地衣等微生物,导致石刻的生物风化严重。

3. 水的作用。"水滴石穿",水是自然界的强溶剂,岩石中的多数矿物可以在水的作用下溶解、变质或碎裂,对石质文物最具破坏性。谭纶墓所在地区年平均降雨量 1 808.3 毫米,且降雨比较集中,对石刻的表面有明显的溶蚀作用,影响石刻表面结构和岩体表面强度。降雨随石质文物裂隙深入到岩石内部,一方面使裂缝不断扩大,另一方面降低了裂缝处的力学性能。另外,水的反复结冰、消融对石质文物也造成很大破坏。冬季温度降低到冰点之下时石质文物内部水分结冰,体积发生膨胀,当温度上升冰又融解,反复的结冰—消融会对石质文物产生严重的冰劈破坏,影响石质结构稳定性。降雨还在地面形成地表径流和面流,冲刷墓葬,加之墓园区内部及周边排水不畅,积水严重,破坏墓葬构成,影响墓园的整体环境。

4. 可溶盐的作用。由于毛细水的侵蚀作用,石质文物近地面表层积聚的大量 $N_a(K)NO_3 \cdot H_2O$ 等可溶盐,它们随着降水和地下水沿石质文物结构中的毛细裂隙及风化裂隙通道渗透至一定高度,而石质文物表层水分一旦蒸发,可溶盐便结晶析出,结晶膨胀逐步加大裂隙,破坏岩石的原有结构。

5. 灰尘、微生物和有害气体的作用。空气中的降尘是不规则的细小颗粒,吸附水分和空气中的酸性气体 SO_2、CO_2 等,污染物吸附在文物外层,使得文物表面的湿度大于内部。潮湿的表面吸附酸性气体利于霉菌的生长,霉菌的新陈代谢产物中有硝酸、碳酸、亚硝酸和有机酸,它们与杂质反应生成可溶盐又渗入文物表层产生破坏作用。微生物的生长繁殖破坏石刻表面。微生物在生长繁殖过程中产生一些酸碱分泌物,破坏石质文物的骨架及其结合物,使其变得疏松,进而酥粉、起皮、剥落等;而且微生物不仅使石质文物变形,更严重的是使其表面的颜色发生极大的改变,在表面留下难以去除的颜色附着物。对石质文物造成损害的污染源有酸雨、有害飘尘以及汽车燃油等造成的空气污染。谭纶墓周边公路每天有大量车辆行驶,排放大量的汽车废气;一些工农业生产活动排放有大量的二氧化碳、氮氧化物颗粒的有机物,溶入雨水中形成酸雨。

三、人为因素

一方面,近年来谭纶墓所在县域城乡经济发展迅速,对土地利用的需求、对环境的影响逐步增加;另一方面,当地村民的文物保护利用意识不足,不利于墓葬及其环境保护。具体表现:不合理的设施建设(高压线、供排水管线、水泥道路等),以及墓葬附近村民住宅建设、耕种、取土等行为,对墓葬造成直接破坏与间接危害;谭纶墓保护的环境和社会问题显现,包括墓葬附近工厂污染物排放、村民生产生活垃圾对墓葬周围环境的污染,以及一些村民不遵守墓葬保护的各项限制性措施,设置五座当代墓葬。

现墓葬区内尚未开展全面的考古发掘,二十世纪八十年代墓葬区内有盗掘墓葬现象,因此需要进一步加强安全保卫措施。

第四章

谭纶墓保护工程设计研究

谭纶墓是中国历史名人墓,具有重要价值。为全面保护并利用好谭纶墓,扩大其应有的社会影响力,增强其旅游吸引力,让文化遗产"活"起来,应深入研究谭纶墓面临的病害和保护管理问题,开展保护工程设计,综合考虑文物修缮、周边环境整治以及文物安全管理和日常开放管理,有针对性地解决谭纶墓面临的问题和病害。保护工程设计方案所涉及的范围为谭纶墓本体、石质文物及其周边承载山体,以及整个墓园内的保护性设施及墓园周边环境。

一、保护工程目标

主要有:防治墓葬本体及周边的水土流失,对墓葬两侧周边山体进行护坡加固,有效避免边坡失稳;解决石质文物风化、水泥不当修复等问题,减缓病害的进一步侵蚀和破坏,并增强石质文物的物理性能,提高其抵御风化能力;整治墓葬区域内建筑环境,撤走违背当时丧葬等级制度的石像生,拆除当代新建的"月池"卵石天桥,恢复历史原貌,保持墓葬真实性和完整性,提升其展示价值;迁移墓葬区域内5座现代墓葬,改善墓葬区的景观环境;改造墓葬区保护性围墙,明确墓葬区的保护范围,制定管理办法,杜绝村民种植、砍伐行为对墓葬保护区的侵蚀,打击不法分子盗挖墓葬等违法犯罪行为。同时,改善墓葬区水文环境,合理引导地表水的流向,降低雨水直接冲刷以及周边地表径流对墓葬本体的侵蚀破坏;整治墓葬区设施和周边环境,建立管理用房,对墓葬区入口处广场进行整治等,改善其设施环境,提升环境观赏性。

图2-18　谭纶墓保护工程总图

二、保护工程设计内容

主要包括墓葬本体保护方案设计、墓葬周边山体整治方案设计、石质文物保护方案设计、保护性设施建设方案设计、周边环境整治方案设计。

"程序是文物古迹保护的基本工作步骤,执行文物古迹保护程序是保证保护工作符合相关法规、有效实现保护目标的基础"[①],应有的保护工程设计

[①]　国际古迹遗址理事会中国国家委员会:《中国文物古迹保护准则（2015年修订）》,文物出版社,2015年,第7页。

技术程序见下图。

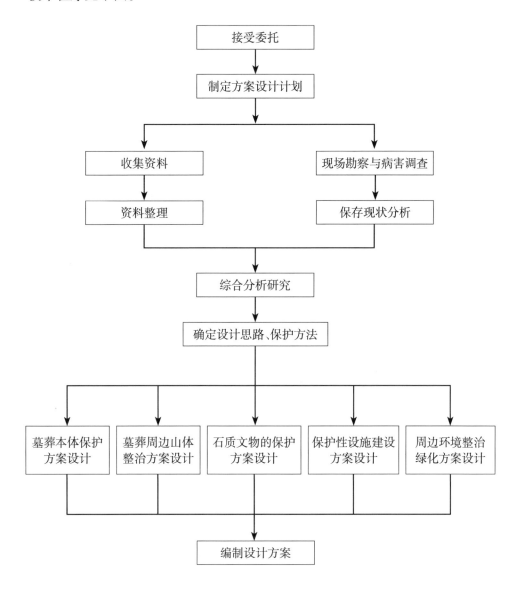

三、设计依据

不仅包括文物保护、土地管理、环境保护法规以及专业技术规范,还包括记录文物信息的地方文献、现场勘察和病害调查分析报告,具体有《文物保护工程设计文件编制深度要求（试行）《岩土工程勘察规范》（GB 50021—2001）、《文物保护单位开放服务规范》（GB/T 22528—2008）、《建筑边坡工程技术规范》（GB 50330—2002）《岩土工程勘察文件编制标准》（DBJ 10—5—98）、《石质文物保护修复方案编写规范》（WW/T 0007—2007）《石质文物病害分类与图示》（WW/T 0002—2007）、《宜黄县志》《宜黄谭纶墓工程地质勘察报告》等。

四、保护工程设计理念

贯彻"保护为主、抢救第一、合理利用、加强管理"的文物保护工作方针，坚持"文物古迹的利用必须以文物古迹安全为前提，以合理利用为原则。利用必须坚持突出社会效益，不允许为利用而损害文物古迹的价值"，坚持"不改变文物原状的原则"和"不改变文物原状的原则可以包括保存现状和恢复原状两方面内容"。理清文物原状和文物完整性的内涵，明确"历史上经过修缮、改建、重建后留存的有价值的状态，以及能够体现重要历史因素的残毁状态""文物古迹价值中所包含的原有环境状态""文物古迹群中不同时期有价值的各个单体""经鉴别论证，去除后代修缮中无保留价值的部分，恢复到一定历史时期的状态"也是文物原状，把握"文物古迹的保护是对其价值、价值载体及其环境等体现文物古迹价值的各个要素的完整保护。文物古迹在历史演化过程中形成的包括各个时代特征、具有价值的物质遗存都应得到尊重"。做到"应当把干预限制在保证文物古迹安全的程度上。为减少对文物古迹的干预，应对文物古迹采取预防性保护""应当使用经检验有利于文物古迹长期保存的成熟技术，文物古迹原有的技术和材料应当保护。对原有科学的、利于文物古迹长期保护的传统工艺应当传承。所有新材料和工艺都必须经过前期试验，证明切实有效，对文物古迹长期保存无害、无碍，方可使用"[①]。

五、保护工程方法和措施

在详细的文献调查、考古调查、保护规划以及专题研究分析等基础之上，

---

① 国际古迹遗址理事会中国国家委员会：《中国文物古迹保护准则（2015年修订）》，文物出版社，2015年，第9—11页。

理清墓葬的主要问题,并针对如何解决问题来明确设计目标及技术路线,落实相应的保护工程措施。实施所有保护工程之前,必须进行相应的考古调查。在施工过程中,必须有专业考古人员或宜黄县博物馆的工作人员在施工现场监督,一旦发现有较重要的遗迹,必须停止施工,并由考古人员进行清理发掘。清理完毕之后,经考古人员、施工人员、业主单位以及监理单位共同协商后确定下一步工作。具体保护工程措施如下。

1. 失稳边坡加固和削坡处理

对神道东、西侧排水沟沟边边坡及墓体北侧边坡的不稳定边坡体进行加固处理,采取削坡或支挡的方法进行治理,坡顶、坡底设置排水沟,坡面进行护砌处理,避免地表水的冲刷与侵蚀。

对边坡坡面进行削坡治理,将中部突起的土体削平,使坡面平直,将不稳定的坡体坡脚变为50°以下,提高稳定性。对于失稳土体边坡,根据土体的垮落角,进行适当削坡处理或采用侧向支护或锚固。以上措施,均应进行表面二次处理,对裸露的土体要以植草护坡,使之与墓葬环境融为一体。

2. 挡土墙支护和植被整治

在失稳边坡体对应位置设置红条石挡土墙,在挡土墙外侧,用水硬石灰掺和当地黏土夯实,防止其继续受雨水冲刷,并在其斜面上植草皮。在挡土墙上设排水孔,以降低墙后土压力的影响,排水孔与山体坡脚排水系统相连,引流至排水沟。

植被整治中的首要任务就是权衡植物在墓葬保护中发挥作用的利与弊,然后去除掉破坏墓葬严重的乔木和灌木,保留具有保护作用的草本植物。由于植被效果的双重性,针对谭纶墓及周边山体上的植被进行处理时,必须体现出差异性和灵活性,移除破坏墓葬的高大灌木、乔木以及其他对景观环境造成不利影响的植物,保留墓葬及山体上满足保护条件的植物。加强对既有植被的利用和改造,根据墓葬的保存现状选择合适的植被对其进行局部保护处理。潮湿地区遗址上长有草本植物的遗址保存较好,因其根系分布在墓葬及周边山体的表层,在墓葬及周边山体表层起到了浅层的加筋作用,有效地减缓了雨水对墓葬及周边山体的冲刷,减少了水土流失。因此,针对墓葬及周边山体上裸露的部分,为了防止雨水冲刷、水土流失对墓葬及周边山体造成的破坏,采取种植植被的方法来有效地保护墓葬本体。在遵循文物保护原则,尤其是不改变文物原状和尽量少干预原则的前提下,植物根系深度、茎叶密集、植物高度、生长特性、种植方法、日常养护等要求如下:(1)以草本植物为宜,潮湿地区土墓葬及周边山体顶部土壤层残留厚度最大在 20—50 厘米之间,要求根系深度宜小于 50 厘米;(2)选择植物茎叶生长密集、覆盖度较大的植被,以实现减缓水土流失作用;(3)植株的高度不宜高于 50 厘米,以减少对墓葬及周边山体整体外貌的影响;(4)应选择适合当地气候、土壤的非经济作物,以提高成活率并防止人为采摘践踏;(5)选择种草(撒播或沟播法)、铺草皮等方法,以防止对墓葬及周边山体扰动;(6)在保证植被正常生长的情况下,少浇水,少施肥,少修剪,以防止对墓葬及周边山体的破坏。

综合以上分析,谭纶墓墓葬本体及山体上的植被应为草本植物,根系深度小于 50 厘米、植株高度小于 50 厘米、多年生以及无其他经济用途等,如可以狗牙根成品草坪作为基础铺植,白花三叶草以及葱兰配合种植。

3. 罗圈墙、台阶和神道修复

清理拜坪区域的杂草,对罗圈墙和台阶进行保护修缮处理。将罗圈墙内镶嵌的碑取出,并将其嵌入门楼两侧的围墙上,对于空缺的部位以红条石砌筑。针对罗圈墙的红条石局部缺失、松动、错位,制作、安装条石,归位安装。针对卵石和红条石台阶缺失、严重磨损问题,补配复原和制作安装,加固处理断裂的条石。

拆除 2002 年跨越"月池"修建的钢砼板桥,在原址建一座三拱拱券石桥,桥面铺墁条石,两侧制作安装青石望柱及青石栏杆。清理神道区域的杂草。挖除神道南侧铺墁的卵石,以青条石墁地。制作安装缺失的垂带石,对断裂的条石进行加固处理。

4. 改善排水系统

谭纶墓地处丘陵,依山而建,其顶部标高比四周地表面高 15—20 米,降雨时雨水形成的地表径流对墓葬本体产生冲刷破坏。与此同时,大量雨水汇集于墓葬及周边山体坡脚处,因排水沟杂草丛生、淤堵严重,雨水直接下渗进入墓葬本体内部或漫流至神道表面,对墓葬体造成的侵蚀破坏十分明显。因此,为了改善墓葬重点保护区的微水文环境,正确引导其地表水的流向,减轻雨水对墓葬本体的侵蚀,应对墓葬区的地表排水加以处理。具体措施如下:在墓葬本体北侧山坡坡顶设置排水系统,开凿两条排水沟,间隔约 10 米,因墓葬体位于地势较高处,两条排水沟可直接将降水依山体地势引出墓葬区;在墓葬北侧后沿山体第一道排水沟以上部位布置系统的排水网,拦截坡面流水和表层渗水,使坡面流水和部分表层地下水沿两侧的冲沟排出区外,以减缓墓葬区的渗水和雨水挂流;扩大植被,在天子驼印山山坡种植高低错落植被减缓水流速度,涵养水分;对拜坪两侧的排水沟和神道两侧的排水沟进行清淤、深挖、拓宽处理,并对沟壁和沟底进行护砌处理,改善其排水能力,将山坡地表水排向墓葬南侧的月池。

5. 现代墓葬搬迁

积极、妥善协调各方,取得墓主后人的支持,合理补偿,整体搬迁现代墓葬,且在搬迁施工的同时必须要有相关的文物管理人员在场,相互协调配合,以免对文物墓葬产生损害。

6. 石质文物的保护措施

以详细的三维数字化病害调查以及实验分析等工作为基础,理清石质文物的病害分布、特征,在不改变石质文物及周边环境的前提下,采取适宜的保护加固措施。应进行保护材料与工艺前期研究,即根据保护加固工作目标,在广泛调研国内外相关石质文物保护修复方法的基础上,论证拟采用方法的可行性、有效性,并作为下一步制订具体技术路线及保护加固程序的依据。主要内容有:表面清洗方面,对主要的清洗材料、清洗方法和工艺、清洗效果进行前期研究和评估,了解清洗过程中温度、化学试剂对石质文物的影响,以及清洗完成后所用的化学试剂或其反应产物如何从本体中清除;裂隙灌浆研究,研究所用灌浆材料、浓度、工艺主要步骤,并对灌浆的效果加以评估;渗透加固方面,对主要的加固材料、溶剂、浓度和加固工艺过程进行研究,并掌握加固过程的养护条件,进行渗透加固评估,完善加固效果的评估方法;补配修复方面,研究所用修补材料、操作的主要步骤,了解所用修补材料对石质文物本体及留存于石质文物内部的填充材料可能的影响,选用与石刻材质相容的修补材料补配修复;表面封护处理方面,对主要的封护材料、溶剂、浓度,以及处理工艺过程如封护方法、工具及浓度梯度等进行研究,并对抗酸碱性、憎水性、抗老化性等封护效果进行评估。

(1)构建石质文物保护前的三维数字化模型。采用三维激光扫描技术对谭纶墓现存的石像生、牌坊等石质文物进行测绘与数字化重建,实现对石质文物保存现状真实、完整、全面的记录与存档,为现状与病害调查、记录与保护维修等工作提供基础资料。建立石质文物的真三维彩色模型,采用虚拟现实等技术对石质文物残缺部位进行虚拟复原。工作内容有:三维激光扫描测绘;高保真、高精度的三维数字化重建;虚拟复原;三维重建效果展示。技术要求是:三维数字化的结果严格忠于石质文物的保存现状,包括三维形态、色彩、图案、质地、病害等;信息采集过程不能对文物造成任何形式的破坏;三维数字化重建模型须可支持 8000×80000 的高分辨率画面绘制,并支持超视距(3 厘米)的实时浏览,在复杂光照环境下还原石质文物的光学属性和色彩。

三维激光扫描工作方法如下。

①扫描站设置:在每个石质文物现场踏勘工作区,分析研究最优化的扫描设站方案和坐标转换控制点选择,画出相关的设计草图,并设置主要扫描设站的标志;

②扫描参数确定:以徕卡 Scanstation 的最高精度进行整个石质文物的扫描,对重要的局部部位采用 Faro 扫描仪进行更高精度的扫描;

③点云数据采集:逐站对工作区进行扫描,采集点云数据;

④影像数据采集:用高清数字照相机记录每个石质文物的真实可见的颜色信息,用于正射影像图和三维模型的纹理;采用多光谱数字照相机记录每个石质文物不可见的颜色信息,用于更真实表现每个石质文物状况;

⑤坐标转换控制点的测量:使用全站仪测量所选择的坐标转换控制点,并进行平差,为后期的坐标转换提供基础数据;

⑥数据格式转换:将两类扫描仪(Scanstation 和 Faro)数据进行统一,包括两类扫描数据的互相转换及两类数据向某一通用数据的转换;

⑦点云数据拼接:将各个扫描站采集到的数据拼接成一个整体,并检查拼接精度,利用坐标转换控制点将扫描对象的三维点云数据转换到需要的坐标系统;

⑧建模及模型编辑:使用 cyclone 或 polyworks 软件建立粗略模型后,再进行模型编辑;将得到优化后的精确模型进行内部检测和外部检测,精度都合格后,利用模型生产各种需要的图形和数据。

(2)实施三维数字化重建及后期处理。基于计算机立体视觉的三维数字化重建技术,对每个石质文物进行高精度的三维数字化重建。通过虚拟现实等技术,进行部分残缺部位的虚拟复原,以及沉浸感(Immersive)的三维漫游展示,实现计算机或网络浏览。工作设备主要有:徕卡 Scanstation 扫描仪、Faro 扫描仪、高清数字照相机、多光谱数字照相机、专业辅助光源、曙光高性能计算机集群等。工作成果应包括:谭纶墓石像生、牌坊等石质文物保存现状的真实、完整、全面记录;石质文物真三维彩色模型;石质文物残缺部位虚拟复原及三维漫游展示系统。

(3)实施石质文物本体保护加固施工。流程主要包括以下几个方面:表面清洗、裂隙灌浆、渗透加固、补配修复、微生物防治以及表面封护处理。

① 表面清洗。为防止保护性破坏,根据谭纶墓石质文物的岩体性质,应采用物理、化学综合清洗法进行表面清洗处理,具体施工工艺流程如下。

其一,清理风化物与灰尘。对覆盖于石质文物表面的风化物与灰尘,用软毛刷配合压缩空气吹洗,自上而下去除;不易去除的部位,采用定时喷淋蒸馏水,使石质文物表面潮湿,让其表面的硬质污物渗吸软化,再用毛刷或者牙签清除,之后用脱脂棉蘸蒸馏水轻轻擦吸泥水痕迹。清洗灰尘时,尽量减少水的使用量,以热蒸汽吹洗和人工清理方法为主。

其二,清理水锈结壳。石质表面的水锈结壳是长期沉积在风化石刻表面的含钙、镁等离子的难溶盐痕迹,多呈白色、黄色或棕褐色。清洗此类沉积物壳采用"贴敷法":第一步:制备清洗剂与吸附材料混合贴敷体,清洗剂为 8% 的六偏磷酸钠 $Na_2[Na_4(PO_3)_6]$ 水溶液,吸附材料为吸水性很好的麻纸以及多孔材料活性炭;第二步:贴敷、保湿、软化、溶解、渗吸入纸,并用塑料薄膜覆盖;第三步:吸附脏物和抽提残液,在薄膜上开出适当通气口以利用毛细现象抽提;第四步:贴敷 5—10 小时后,用竹签或棉签将软化的水锈结壳去除;第五步:重复以上操作 2—3 次,将水锈结壳基本清除,再用棉签蘸六偏磷酸钠溶液轻轻擦除扩渗的轻微水痕;第六步:用蒸馏水清除残留的药水和污染物,并保持其干燥。

其三,表面脱盐。对于表面泛盐严重的石质文物,采用脱盐纸浆进行脱盐处理,以清除石材表层过多的可溶盐,减少可溶盐的破坏作用。脱盐采用 Westox Cocoon 排盐纸浆进行,它专用于文保,采用医药级过滤纸制作而成,具有极高的内表面积、孔隙率和纯度,其 PH 值为 8 左右,比重 1.1。具体处理步骤:第一步:划定脱盐区域,保护周边及地面;第二步:采用软毛刷或压缩空气去除表面可溶盐结晶;第三步:用刮灰刀将纸浆刮贴到脱盐部位,施工量6—7公斤/平方米,湿膜厚度1厘米左右,保水养护24小时;第四步:6—10天后小心撕掉纸巾;第五步:基层取样,分析可溶盐含量;第六步:进行二次脱盐,直到基面含盐量少于0.5%为止;第七步:表面清理,去除残留,场地清理,完成脱盐。

其四,清理微生物。第一步:使用硬猪毛刷将石质文物表面的地衣、苔藓与泥土形成的包块去除,用牙签清除嵌入到石刻内部的残留部分;第二步:对于石刻表面形成了平滑密实结构的,先用蒸馏水湿润,再用毛刷清除;第三步:对于其他微生物残留,采用热蒸汽吹洗、结合50%的丙酮和水混合液擦洗或紫外灯辐射等措施,彻底去除生物菌体及分泌物残留;第四步:用去离子水将表面漂洗干净并保持干燥。

其五,长效防腐杀菌。经过以上清洗之后,仍然没有完全解决问题。空气中的孢子沉积在石质表面仍可以继续生长,残留在石质内的菌丝也可以继续生长,因此需要用实验筛选出的不怕雨水冲刷,安全、稳定、高效、低毒、不污染环境的长效防腐防霉杀菌剂对清洗之后的石质文物表面做进一步的处理。

② 进行裂隙灌浆。根据现场勘察,谭纶墓石质文物的裂隙病害以物理裂隙居多,这些裂隙在外营力作用下,不断向内部发育。裂隙的存在,为雨水渗入、松散物填充,为岩体其他病害的发育创造了条件,最终将影响石质文物的稳定性,威胁石刻本体的安全,因此必须进行加固修复处理。借鉴岩土工程灌浆技术,综合石窟保护加固工程的灌浆技术,再根据岩体上的裂隙现状,采用裂隙灌浆法进行保护加固处理,其主要目的是填充裂隙,提高岩体的整体强度,防止裂隙受到进一步的风化。灌浆材料采用环氧树脂主剂、固化剂、增韧剂添加其他材料(抗紫外剂、抗氧化剂、消泡剂等)与当地的石粉(150目)调和成砂浆,另外添加一定比例的纤维丝减少收缩增加柔韧性。施工过程中,具体的灌浆操作应根据裂隙的开口大小分别采取相应的工艺。谭纶石质文物的裂隙开口较小,可采用灌浆管灌浆,具体施工方法和步骤如下:配置环氧树脂浆液,其水灰比0.4至0.5;确定裂隙位置走向;用高压水或高压空气流冲洗清洗裂隙面,吹干裂隙面,保证其干净、干燥;为防止浆液渗漏造成石质文物表面的污染,涂脱模剂,将有机硅树脂涂刷在岩石裂隙边缘,剔除漏

出浆液,保护其表面不受到损伤;通过针管注射器将浆液注射填入裂隙之中;用环氧树脂胶泥封填裂隙口,并剔除岩石表面残留的环氧树脂胶泥与浆液,打磨平整,对裂隙表面进行色调协调处理。

③ 渗透加固。谭纶墓石质文物表层存在浅表层裂隙,且石刻表面风化严重。因此,必须采用合适的加固剂对其表层加以渗透加固处理,补充石刻表层因风化损失的部分,恢复或保持原结构的力学特征,防止岩石颗粒和结构的进一步损失。表层渗透加固材料拟用以有机硅 WD-10 梯度渗透加固处理的方法。具体施工工艺流程如下:按照设计浓度,分别配制浓度为 6%、8%、10% 的 WD-10 溶液;清理石刻表面,处理污染物、杂质,并清理表面疏松部位;用贴覆法结合慢流技术（打点滴）进行渗透加固,先用浓度为 6% 的 WD-10 溶液进行渗透加固,渗透时间为 5 小时,然后用浓度为 8% 的 WD-10 溶液进行渗透加固,渗透时间为 6 小时,最后用浓度为 10% 的 WD-10 溶液进行渗透,渗透时间为 7 小时。渗透加固过程中,必须待上一次渗透的加固剂干透后方可进行下一次渗透,具体工艺应根据现场情况判断,随时加以调整;每次渗透完后应采取干燥、防冻措施,进行养护固化,防止影响加固效果;渗透加固后处理表面,去除残留物,参照附近崖体的外貌、颜色,对石刻表面进行协调性处理,避免与周围环境反差过大。

④ 清理水泥和补配缺失。谭纶墓石质文物表面存在大量的水泥补配修补过的痕迹,表面残留大量有机胶。对于水泥补配修补的部位以及有机胶粘接的部位应进行剔除、清理,在不损坏石质本体的前提下,恢复石质文物的原状,使其保持真实性。在不改变石质文物原状,保持其可辨识性、可再处理性的原则下,采取适当措施对其进行补配。在保护工程中,并不是所有表面缺失部位都需要进行补配修复,缺失部位在 50 平方厘米以下、深或厚 5 厘米以下的,可不处理。

⑤ 防治微生物。尽管对微生物进行了清洗处理,但是机械清洗不能保证长期效果,切除表面菌丝或切断植被不能消除生物体孢子生命活动,地衣菌丝会再生,空气中的孢子沉积在石质表面仍可以继续生长。要完全根除生物体生长,措施是:采用"霉敌"（MD）对石刻表面的霉菌及细菌进行喷涂杀菌处理;采用高效无毒环保型复合杀藻抗藻剂 BY-401 对石刻表面的地衣、藻类等微生物进行杀灭处理。

⑥ 表面封护处理。在石质文物一系列自然风化、病害的过程中,水是主要根源。对经常性潮湿环境条件下小体量、独立个体保存的石质文物,进行表面防水封护处理是十分必要的。它可在石质文物表面形成致密的保护膜来防止湿气的侵入,减少大气湿度、雨水、灰尘、微生物对石刻侵蚀,防止、减缓进一步的风化。结合相关的试验研究和保护工程案例,采用有机硅类的封护剂 WD-10 对石质文物进行封护处理。具体方法是:在干燥时节待石质文物内含水分充分挥发后,在其表面涂刷杀菌防霉剂,待其效应充分形成,用 10% WD-10 加 0.02% 的"霉敌"杀菌防霉溶液,用小排刷自上而下均匀涂刷两遍,将石质表面予以封护,使石质文物表面形成一层无炫光保护膜。

(4)清除植物。由于少量的植物依附谭纶墓石质文物表面生长,根系在表面,存在破坏隐患,采用人工拔除法处理。

第五章
谭纶墓保护和利用设施设计

为了更好地保护和利用谭纶墓,让地处偏僻乡村的文化遗产"活"起来,应做好墓葬区的保护性设施建设,要改善管理用房,设置合理的游行步道,设立保护性围墙以及保护标志牌,加强对墓葬重点保护区的保护管理,提升展示利用价值。

一、整修管理用房和祭道
对现有门房（值班室）进行整修,将其作为管理用房。

清除步行道上的大量杂草;撤走祭道两侧 2002 年维修时新做的石像生,铲除祭道上 2002 年维修时墁道铺墁的卵石,订制 1200 毫米×300 毫米×120 毫米的青条石,铺墁条石墁道;在祭道的中间位置有 2002 年维修时修建的铺墁卵石台阶及墁道的片石拱桥,拆除 2 片石拱桥铺墁的卵石台阶及墁道,订制 1200 毫米×300 毫米×120 毫米的青条石,铺墁条石墁道,订制 1200 毫米×350 毫米×120 毫米的青条石,铺设条石台阶;拆除祭道末端游步道 2002 年维修时铺设的卵石、水泥台阶,制作 1200 毫米×400 毫米×120 毫米的青条石,铺墁条石台阶及墁地;制作谭纶石雕像,置于祭道中部的方形台基上;对祭道两侧的排水沟进行清淤、深挖、拓宽处理,并对沟壁和沟底进行护砌处理,改善其排水能力。

二、改造保护性围墙
拆除现存残损严重、过于低矮的红砖围墙,同时调整保护性围墙范围和走向,紧密结合周边的地形地貌、道路现状、村庄位置等,变更局部围护范围和走向。经计算,新的保护性围墙全长为 667 米。改造后,其平面设置和外观形式不影响墓葬区的整体风貌、环境:采用浅基础,深度控制在 400—500毫米,浇筑 600 毫米宽、300 毫米厚的 C20 素砼条形基础,墙内每隔 10 米浇注 370 毫米 ×370 毫米的钢筋砼构造柱;仿古青砖砌筑墙体,围墙高 2600 毫米,厚 370 毫米,墙顶浇筑一道 370 毫米 ×240 毫米的钢筋砼圈梁,砼标号为C20,墙面水泥砂浆找平、光面,表面涂刷深灰色外墙漆;围墙顶盖小青瓦顶,选用 2# 小青瓦,墙体每 30 米设置一道温度缝;将现有嵌入墓体挡土墙内的碑移取出来,对其表面进行清理,按顺序嵌入围墙中。

三、树立保护标志及说明牌

拆除门楼上不符合全国重点文物保护单位保护标志牌设置规范的保护标志牌,在墓区入口处重新设立规范的保护标志牌。设置标识牌说明,介绍墓葬的基本情况,如墓葬形制、布局范围以及出土文物等相关信息,并配发掘时照片,方便游客参观解读。在墓葬区内设置指路牌三处,指路牌采用防腐木建造,基础素土夯实,底座为麻条石,指路牌高度为 1.4 米,宽 1.15 米。

四、整治周边环境

对门楼南侧小型广场的地面进行平整和环境整治:清除广场上生长的大量杂草,清理外运沙石、煤渣等建筑材料,挖除、填平圆形水池,清理降挖地面,整平夯实基面,夯铺 60 毫米厚三七灰土基层,石灰浆坐浆墁铺,各块料间要求密缝,青砖墁地;在广场靠近马路一侧设置停车场。征收门楼南侧的一座 4 层长期烂尾的建筑物,折去上部两层,将剩余的 1、2 层建筑改造为谭纶墓陈列馆。

五、后续保护建议

在重视文物抢救保护的同时,要注重未来预防性保护,在本次保护及环境整治工程实施后,加强后续保护工作。具体内容:加强谭纶墓保护区的日常管理,完善定期巡查制度,及时消除隐患;制定日常保养制度,定期实施日常保养,及时排除不安全因素对墓葬的侵害,对可能造成的损害采取预防性措施,记录存档,并按照有关的规范实施保养工程;加强游客服务和管理,确定开放容量,保证疏散通畅;优化环境建设,在谭纶墓保护范围之内,严格禁止可能造成重大安全事故的活动,严禁建设对墓葬及其环境造成污染的项目;预防自然灾害和严重人为事故,制订突发事件的应急预案;建立完善的监测体系,完善环境监测制度,对墓葬区温度、湿度、大气降尘、降雨量、光照度等等保护环境要素实行多点实时监测,积累数据,为保护措施提供科学依据。

附件一

谭纶墓石质文物实验分析报告

1.实验样品。为了探究谭纶墓石质文物的风化机理,并对其病害的形

图 2-19　部分实验样品

成因原因加以分析,对石牌坊（PF）、墓碑（MB）、红条石挡土墙（DTQ）、石马（SM）、石狮（SS）及其表面微生物分别进行取样,带回实验室加以分析检测。部分实验样品照片如图 2-32。

2. 实验方案

（1）对实验样品 PF-2、SM1-2、SM2-2、SS2-2 以及 DTQ-2 进行物理性质和水理性质的分析检测;

（2）对实验样品 PF-1～PF-4、MB-1～MB-2、SM1-1～SM1-2、SM2-1～SM2-2、SS2-1～SS2-3 以及 DTQ-2 采用 X 射线衍射分析法（XRD）,进行物相分析;

（3）对实验样品 PF-1、MB-1、SM1-1、SM2-1、SS2-1 以及 DTQ-1 样品,使用扫描电镜－能谱分析法（SEM-EDS）进行结构观察与元素分析;

（4）对石质样品 PF-1、MB-1、SM1-1、SM2-1、SS2-1、DTQ-1 以及微生物样品采用体式显微镜进行结构观察;

（5）对实验样品 SM1-2、SM1-3、SM2-2 采取离子色谱法,进行可溶盐分析。

3. 实验结果与分析

（1）基本参数分析

对 PF-2、SM1-2、SM2-2、SS2-2 以及 DTQ-2 岩体进行物理性质、水理性质的实验分析,实验分析结果如下表 2-12。

表 2-7 样品实验结果报告

试样编号	野外定名	比重	容重（g/cm³）		含水率（%）	吸水率（%）	孔隙率（%）
			干燥	天然			
PF-2	青砂岩	2.70	2.29	2.30	2.07	5.12	15.19
SM1-2	青砂岩	2.68	2.17	2.19	1.89	4.94	15.01
SM2-2	青砂岩	2.69	2.18	2.21	1.87	4.92	14.89
SS2-2	青砂岩	2.70	2.14	2.16	1.96	5.01	15.08
DTQ-2	红砂岩	2.68	2.20	2.24	9.44	12.49	22.56

（续表）

试样编号	野外定名	比重	容重（g/cm³）		含水率（%）	吸水率（%）	孔隙率（%）
			干燥	天然			
	试验单位:长安大学岩土工程测试中心 备注:试验采用国家标准《工程岩体实验方法标准》（GB/T 50266—99）。						

（2）物相分析

对 PF-1 ~ PF-4、MB-1 ~ MB-2、SM1-1 ~ SM1-2、SM2-1 ~ SM2-2、SS2-1 ~ SS2-3 以及 DTQ-2 实验样品进行 XRD 半定量分析以获得石质本体矿物组成以及表面风化层的存在形式。衍射图谱分析可知，PF-1 ~ PF-4 样品的矿物组成均为石英、方沸石、歪长石，MB-1 ~ MB-2 样品的矿物组成均为白云母、石英，SM1-1 样品、SM1-2 样品的矿物组成均为石英、方沸石、钾长石、生石膏，其中生石膏为风化产物，SM2-1 样品、SM2-2 样品的矿物组成均为石英、方沸石、歪长石，SS2-1 ~ SS2-3 样品的矿物组成均为石英、方沸石、歪长石，DTQ-2 样品的矿物组成为石英、钠长石、方解石。

（3）微观结构观察

对 PF-1、MB-1、SM1-1、SM2-1、SS2-1 以及 DTQ-1 样品进行微观结构观察。

通过对上述 6 个样品的微观结构进行观察，可知石质岩体的微观结构形态呈现出一定的变化:岩体颗粒形态由边缘多棱角的不规则形状变为边缘平滑的类椭球形状;岩体颗粒逐渐变小，变得更加的破碎;颗粒之间的接触方式也发生了一定的变化;颗粒间的空隙间距变大，且各空隙间的贯通性增强。故此，随着风化时间的推移，石质岩体的原有内部结构不断受到破坏，岩体颗粒间的结合愈发松散，结构变得更为疏松，最终致使石质岩体抵抗外界侵蚀的能力下降，加速其风化。

（4）体式显微镜观察

① 石质样品观察

采用体式显微镜对 PF-1、MB-1、SM1-1、SM2-1、SS2-1 以及 DTQ-1 样品进行微观结构观察。

② 微生物样品观察

对石质文物表面微生物采用体式显微镜进行结构观察,具体操作步骤如下:

样品的采集:使用的采集方法就是利用采集刀轻轻采下地衣类菌类,主要力求保证样品的完整性。采集后的标本马上当场装入样品袋。考虑到采集样品会因为天气原因导致地衣体失水的因素,利用喷壶将地衣体轻轻喷湿,并在地衣下层均匀地铺上卫生纸保持湿度,使其在样品袋中仍可自然生长。

样品的观察:首先通过肉眼观察其外部形态,并借助放大镜和实体显微镜仔细观察苔藓表面上的一些附属结构,如:假根、粉芽、杯点及衣瘿等。

（5）可溶盐分析

根据规范《GB/T 50123—1999》,采用离子色谱仪对 SM1-2、SM1-3、SM2-2 样品的可溶盐含量进行定性、定量分析。根据实验分析结果,可以发现样品中的可溶盐含量较高。由于岩体内部的易溶盐含量较高,导致石质文物出现酥碱、空鼓、表面泛白等病害。

4. 实验结论

谭纶墓石质文物孔隙率偏大、吸水率较高、强度均较小,据此可知石质文物风化较为严重,内部结构变得酥松,抵抗外界侵蚀的能力下降;

PF、SM、SS 石质岩体的矿物成分主要为石英、方沸石、歪长石、生石膏,其中生石膏为风化产物,表明岩体存在一定程度的风化;MB 石质岩体的矿物成分主要为白云母、石英;DTQ 石质岩体的矿物成分主要为石英、钠长石、方解石;

谭纶墓石质文物表面的矿物成分及微观结构均发生变化,由此表明,石雕在经历漫长的自然侵蚀后,内部结构变得更为酥松,表面风化严重,抵抗外界侵蚀的能力下降;

石雕表面的苔藓生长繁殖不仅对石雕造成极大的破坏,还严重影响其外观形貌;

谭纶墓石质文物内部可溶盐含量较高,这些可溶盐在毛细水（地下水）的作用下发生迁移运动,根据环境条件的不同既可迁移到岩体表面并结晶析出导致石雕表面泛白,也可在岩体内部富集结晶而造成空鼓、开裂、酥碱等病害,其对石雕造成极大的破坏,严重影响其外观形貌。故此,亟待采取合理措施对谭纶墓石质文物石雕岩体进行脱盐处理。

附件二

谭纶墓保护设计图

主要绘制人:杨强义、徐礼

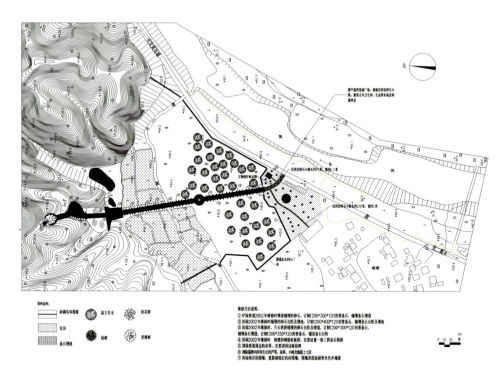

图 2-20 总平面环境整治图

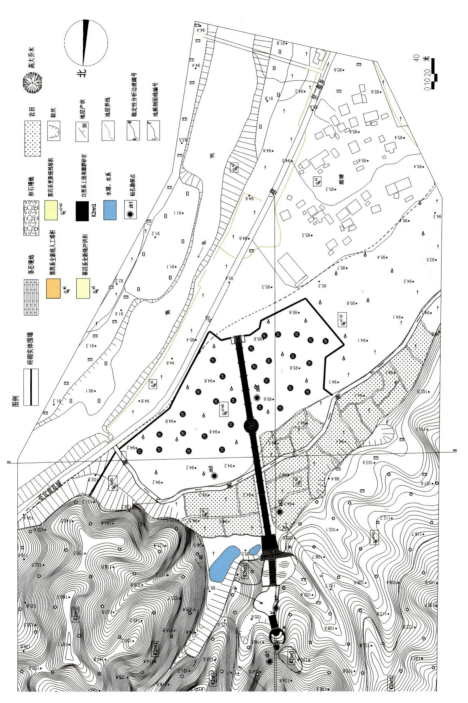

图 2-21　谭纶墓保护工程地质平面图

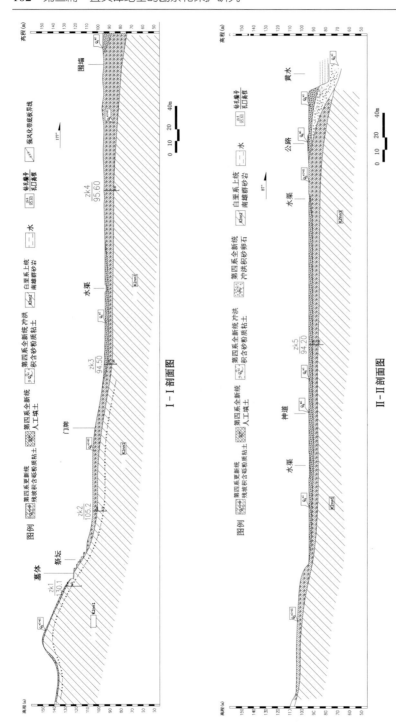

图2-22　谭纶墓工程地质剖面图

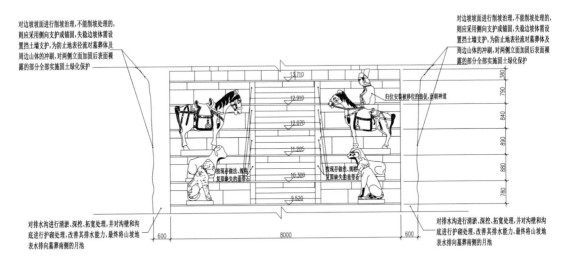

图 2-23 神道南立面维修图

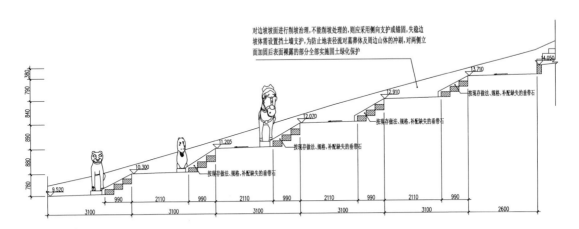

图 2-24 1-1 神道剖面维修图

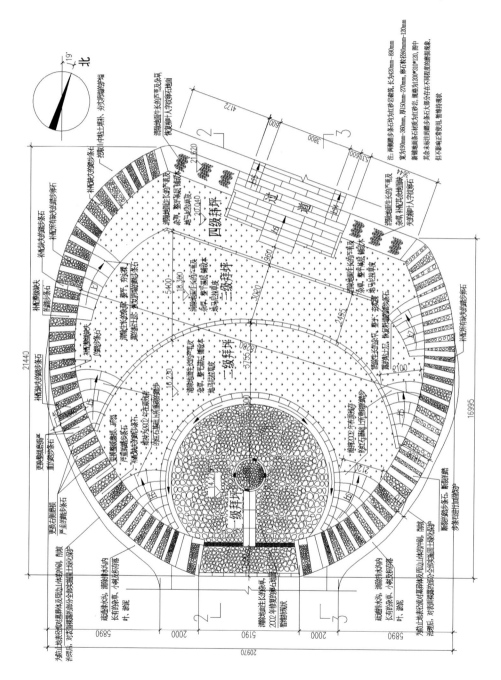

图 2-25　拜坪平面维修图

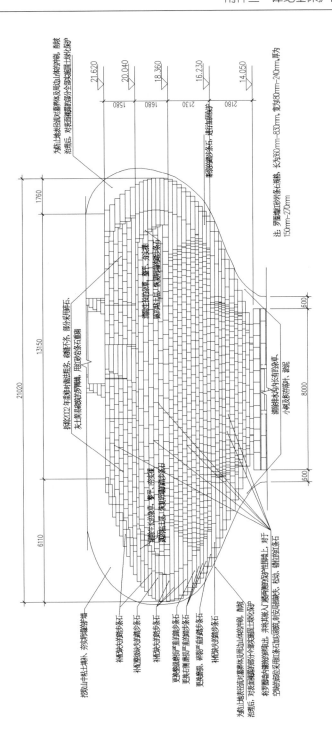

图 2-26 拜坪正面维修图

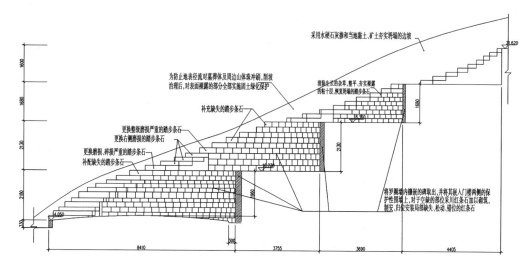

图 2-27　2-2 拜坪剖面维修图

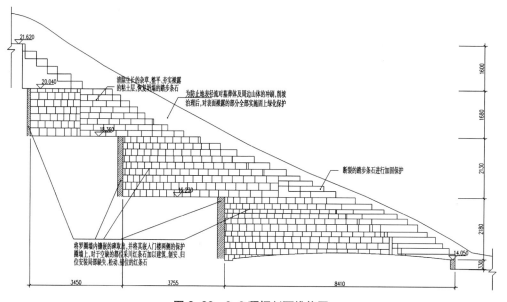

图 2-28　3-3 拜坪剖面维修图

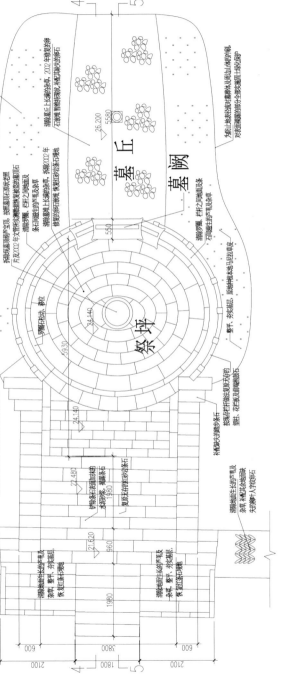

图2-29　墓丘中心区平面维修图

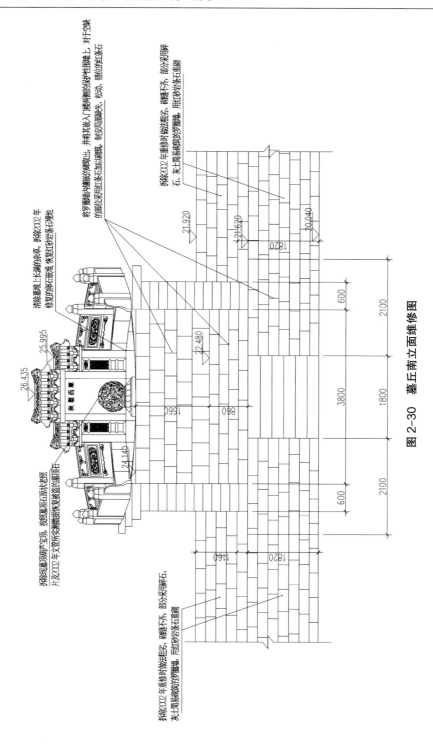

图 2-30 墓丘南立面维修图

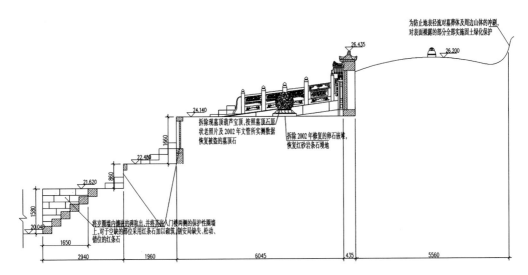

图 2-31　4-4 墓丘剖面维修图

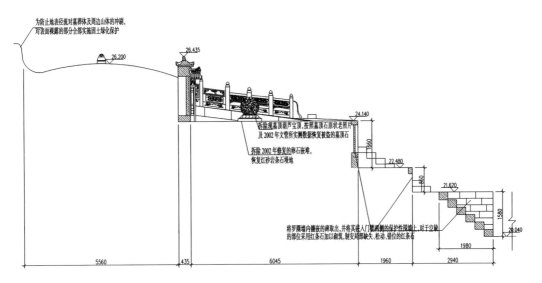

图 2-32　5-5 墓丘剖面维修图

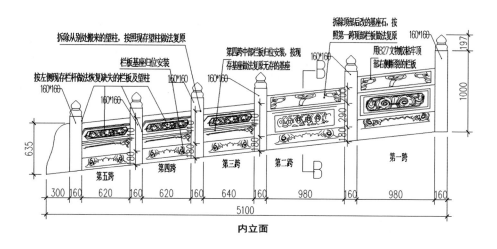

内立面

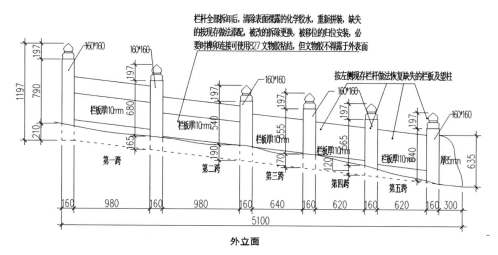

外立面

图 2-33 墓丘西侧栏杆维修图

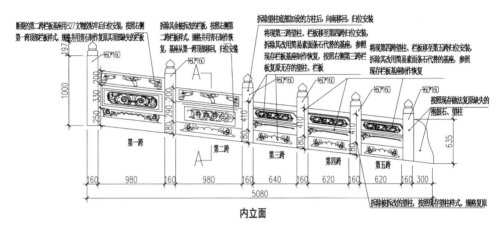

断裂的第二跨栏板基础用B27文物胶粘牢后归位安装，按照右侧第一跨顶部栏板样式，规格并用青石制作恢复其顶部缺失的栏板

拆除其余被拆改的栏板，按照右侧第二跨栏板样式、规格并用青石制作恢复，基础从第一跨弯移回，归位安装

拆除望柱底部加设的方柱后，向两移回，归位安装
将现第三跨望柱、栏板移至第四跨归位安装，拆除其改用简易素面条石代替的基座，参照现存栏板基础制作恢复，按照右侧第二跨栏板复原无存的望柱、栏板

将现第四跨望柱、栏板移至第五跨归位安装，拆除其改用简易素面条石代替的基座，参照现存栏板基础制作恢复

按照现存做法复原缺失的抱鼓石、望柱

第一跨　　第二跨　　第三跨　　第四跨　　第五跨

160　980　160　980　160　640　160　620　160　620　160　300

5080

内立面

拆除被拆改的望柱，按照现存望柱样式、规格复原

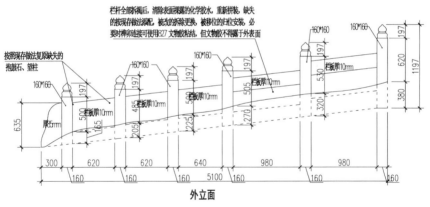

栏杆全部拆揭后，清除表面裸露的化学水，重新拼装，缺失的按现存做法添配，破改的拆除更换，移位的归位安装，必要时榫卯连接可使用B27文物胶冻结，但文物胶不得露于外表面

按照现存做法复原缺失的抱鼓石、望柱

300　620　620　640　980　980

160　160　160　5100　160　160　160

外立面

图 2-34　墓丘东侧栏杆维修图

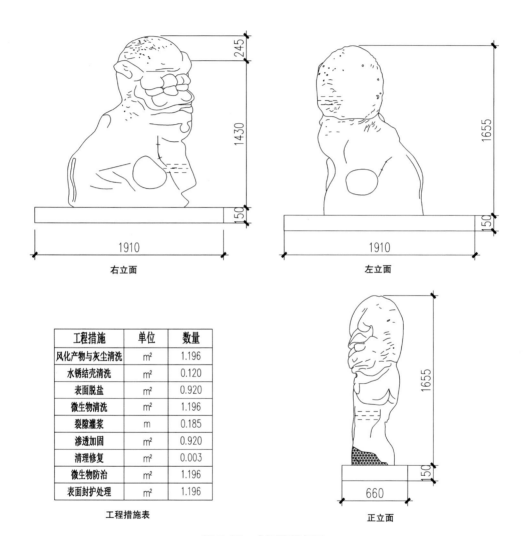

右立面

左立面

工程措施	单位	数量
风化产物与灰尘清洗	m²	1.196
水锈结壳清洗	m²	0.120
表面脱盐	m²	0.920
微生物清洗	m²	1.196
裂隙灌浆	m	0.185
渗透加固	m²	0.920
清理修复	m²	0.003
微生物防治	m²	1.196
表面封护处理	m²	1.196

工程措施表

正立面

图 2-35　东石狮修复图

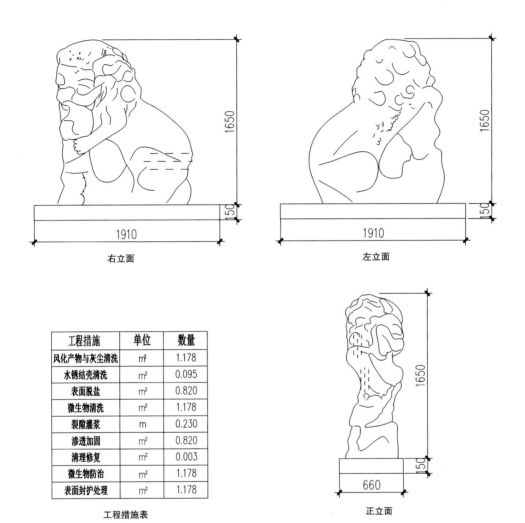

右立面

左立面

工程措施	单位	数量
风化产物与灰尘清洗	m²	1.178
水锈结壳清洗	m²	0.095
表面脱盐	m²	0.820
微生物清洗	m²	1.178
裂隙灌浆	m	0.230
渗透加固	m²	0.820
清理修复	m²	0.003
微生物防治	m²	1.178
表面封护处理	m²	1.178

工程措施表

正立面

图 2-36　西石狮修复图

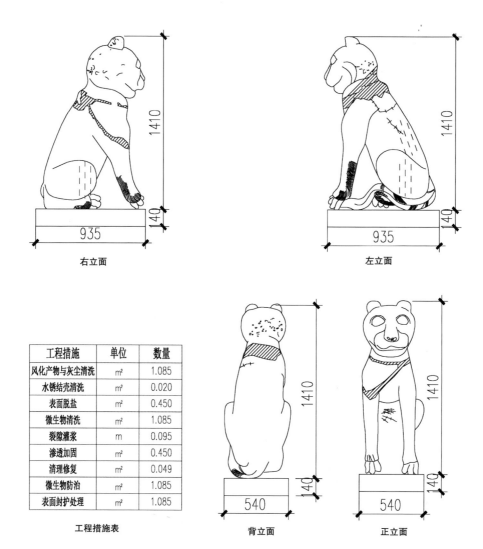

右立面

左立面

工程措施	单位	数量
风化产物与灰尘清洗	m²	1.085
水锈结壳清洗	m²	0.020
表面脱盐	m²	0.450
微生物清洗	m²	1.085
裂隙灌浆	m	0.095
渗透加固	m²	0.450
清理修复	m²	0.049
微生物防治	m²	1.085
表面封护处理	m²	1.085

工程措施表

背立面

正立面

图 2-37 东石豹修复图

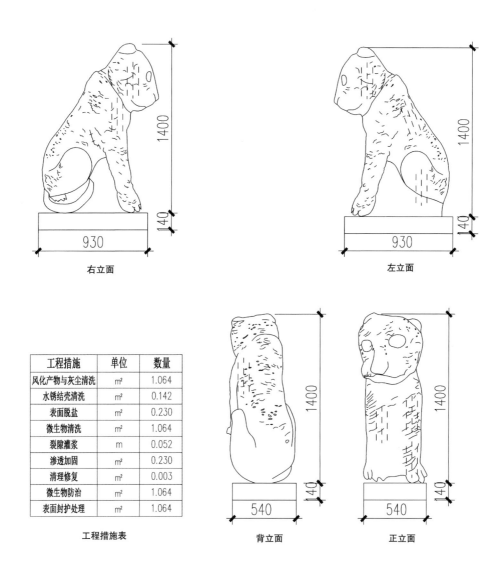

工程措施	单位	数量
风化产物与灰尘清洗	m²	1.064
水锈结壳清洗	m²	0.142
表面脱盐	m²	0.230
微生物清洗	m²	1.064
裂隙灌浆	m	0.052
渗透加固	m²	0.230
清理修复	m²	0.003
微生物防治	m²	1.064
表面封护处理	m²	1.064

工程措施表

右立面

左立面

背立面

正立面

图 2-38 西石豹修复图

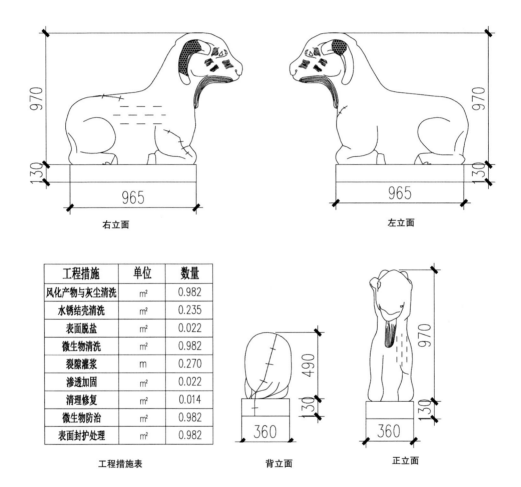

右立面

左立面

工程措施	单位	数量
风化产物与灰尘清洗	m²	0.982
水锈结壳清洗	m²	0.235
表面脱盐	m²	0.022
微生物清洗	m²	0.982
裂隙灌浆	m	0.270
渗透加固	m²	0.022
清理修复	m²	0.014
微生物防治	m²	0.982
表面封护处理	m²	0.982

工程措施表

背立面

正立面

图 2-39   东石羊修复图

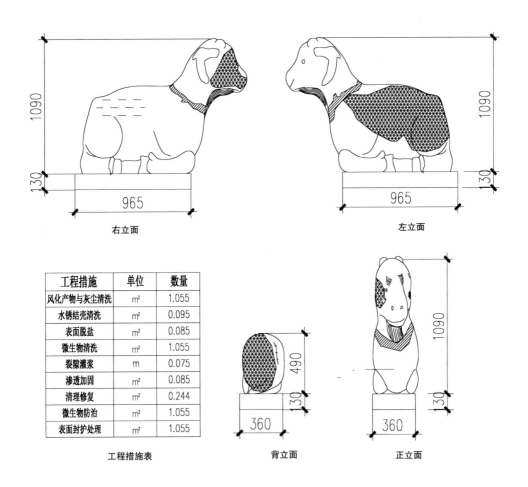

工程措施	单位	数量
风化产物与灰尘清洗	m²	1.055
水锈结壳清洗	m²	0.095
表面脱盐	m²	0.085
微生物清洗	m²	1.055
裂隙灌浆	m	0.075
渗透加固	m²	0.085
清理修复	m²	0.244
微生物防治	m²	1.055
表面封护处理	m²	1.055

右立面

左立面

工程措施表

背立面

正立面

图 2-40　西石羊修复图

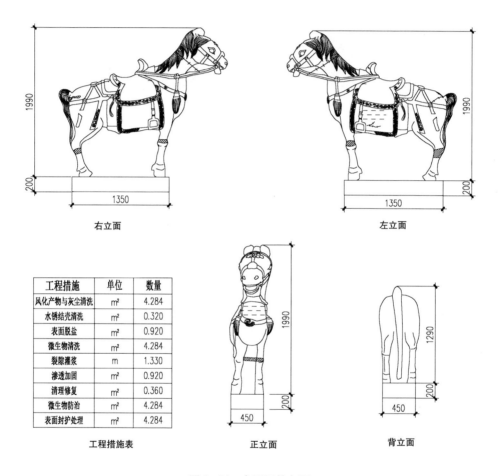

右立面

左立面

工程措施	单位	数量
风化产物与灰尘清洗	m²	4.284
水锈结壳清洗	m²	0.320
表面脱盐	m²	0.920
微生物清洗	m²	4.284
裂隙灌浆	m	1.330
渗透加固	m²	0.920
清理修复	m²	0.360
微生物防治	m²	4.284
表面封护处理	m²	4.284

工程措施表

正立面

背立面

图 2-41　东石马修复图

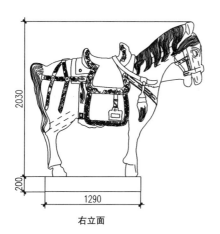
右立面

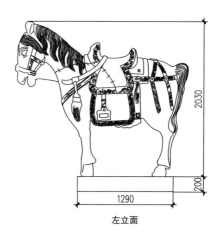
左立面

工程措施	单位	数量
风化产物与灰尘清洗	m²	4.558
水锈结壳清洗	m²	0.410
表面脱盐	m²	0.965
微生物清洗	m²	4.558
裂隙灌浆	m	1.220
渗透加固	m²	0.965
清理修复	m²	0.420
微生物防治	m²	4.558
表面封护处理	m²	4.558

工程措施表

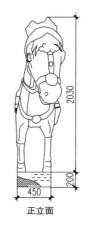
正立面

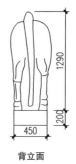
背立面

图 2-42　西石马修复图

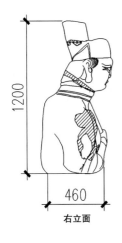

右立面

左立面

工程措施	单位	数量
风化产物与灰尘清洗	m²	0.965
水锈结壳清洗	m²	0.215
表面脱盐	m²	0.045
微生物清洗	m²	0.965
裂隙灌浆	m	0.210
渗透加固	m²	0.045
清理修复	m²	0.320
微生物防治	m²	0.965
表面封护处理	m²	0.965

工程措施表

背立面

正立面

图 2-43 石文官修复图

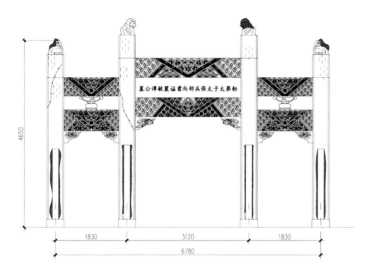

工程措施	单位	数量
风化产物与灰尘清洗	m²	42.560
水锈结壳清洗	m²	4.205
表面脱盐	m²	5.430
微生物清洗	m²	42.560
裂隙灌浆	m	1.230
渗透加固	m²	5.430
清理修复	m²	1.586
微生物防治	m²	42.560
表面封护处理	m²	42.560

工程措施表

图 2-44　中石牌坊南立面修复图

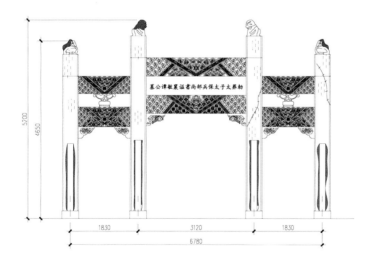

工程措施	单位	数量
风化产物与灰尘清洗	m²	42.560
水锈结壳清洗	m²	4.350
表面脱盐	m²	5.560
微生物清洗	m²	42.560
裂隙灌浆	m	1.250
渗透加固	m²	5.560
清理修复	m²	1.230
微生物防治	m²	42.560
表面封护处理	m²	42.560

工程措施表

图 2-45　中石牌坊北立面修复图

第三篇　龙虎山仙水岩崖墓群
保护规划研究

仙水岩崖墓群位于鹰潭市龙虎山风景名胜区龙虎山镇,于2001年6月25日被国务院公布为第五批全国重点文物保护单位,是世界自然遗产(丹霞地貌)、世界地质公园、国家重点风景名胜区龙虎山的重要组成部分。2010年,应龙虎山风景名胜管理委员会文物部门委托,笔者携有关人员对2011—2020年仙水岩崖墓群保护规划工作进行了调查研究。根据国家文物局修订的《中国文物古迹保护准则》,笔者对仙水岩崖墓群保护做了进一步的思考和研究。董祖权同志为本文调查、制表、绘图、摄影,提供了很大支持。

第一章

仙水岩崖墓群概述

　　龙虎山号称"中国道教第一山",是道教发源地之一,历代天师皆居龙虎山,世袭63代,延续1900多年,道教文化源远流长、博大精深。龙虎山人文历史最深远的大型文物遗存是仙水岩崖墓群,它与龙虎山道教文化遗产、丹山碧水地貌共同构成了中外闻名的龙虎山独特而重要的文化景观。

　　龙虎山属武夷山余脉,仙水岩系龙虎山内仙岩、水岩及其周边山崖的总称。此地古代属贵溪、余江(安仁)、金溪、鹰潭四县交界,是丹霞地貌区,河谷日益宽阔,曲流发育,谷坡低缓,形成起伏较小的大面积平坦地貌,其上散布着一些孤立山丘,海拔高度多在220—280米,以发育圆顶方山、石寨、峰林、峰丛和障谷、线谷、巷谷为特色,是典型的丹霞地貌特征。仙水岩不远处的保驾峰海拔高度多为120—160米的孤立峰林、丹崖,显示老年早期丹霞地貌特征。

一、仙水岩崖墓群概述

1. 基本情况

　　仙水岩崖墓群地理坐标位于北纬27°50′11″—28°5′20″,东经116°58′10″—117°9′20″,是我国现存崖墓最集中的地区之一,分为两大密集区,主要密集区为仙水岩崖墓主体区,分布于泸溪河两侧的水岩、仙女岩、禾斛岩、金钟峰、覆盆岩、仙岩、河豚堡、鼓仔峰、柱石峰、僧尼峰等10座山峰的崖壁中下部,另一密集区为保驾峰崖墓片区,分布于白塔渠东侧的保驾峰、螺丝岭、雄咀石、猴石等4座山峰的崖壁中下部。目前的调查表明,在区内16座山峰的崖壁上,共发现119座崖墓,均离水面或地面20至70米,绝大部分崖墓为春秋战国时期干越人的墓葬,另有少量明代道士的墓葬。

2. 历史记载

崖墓也称悬棺、船棺。对仙水岩悬崖峭壁广泛分布的墓棺,古人往往多有疑问和惊叹,因此仙水岩也有"仙人城"之称。唐代顾况《安仁港口望仙人城》写道:"楼台采翠远分明,闻说仙家在此城。欲上仙城无路上,水边花里有人声。"北宋晁补之试图解答悬棺设置之谜:"余意大水入宅山上所作。"①"但是考察仙人城地貌变化,第四纪以来并没有发生海浸,也没有发现有数十米以上的洪水痕迹。"②南宋《舆地纪胜》记载:"仙人城,在安仁临溪。悬崖多大穴,中有铁冶、盐敖、仓廪、棺椁之属,皆去人数千尺。世传武夷仙人归藏于此。"③南宋朱熹曾发出疑问:"三曲君看架壑船,不知停棹几何年?"现代考古学家郭沫若也发出了"船棺真个在,遗蜕见崖看"的惊叹。

3. 考古发掘

仙水岩崖墓群历史上多次被盗。1978 年江西省文化局组织了第一次仙水岩崖墓群考古发掘。考古人员通过当地药农"采吊篮"的土办法,发掘了 4 座崖墓(M1,M2,M3,M4),取出了各种文物 30 余件,有原始青瓷、印纹硬陶、黑陶、红陶器具,竹篮、竹盒、木剑、漆木杯、丝绸和整木挖空而成的巨大木棺等等。"三号墓的棺木距今 2590±135 年,四号墓的棺木距今 2650±125 年"④,证实了此处崖墓为春秋战国时期的墓葬。省、县文物部门从 1978 年 10 月 8 日至 1979 年 1 月 17 日对崖墓群又进行了规模较大的联合发掘工作,前后两次共清理崖墓 18 座,发现棺木 42 具,出土随葬品 250 件,以陶器、原始瓷器、竹木器为主,未发现金属器。1979 年"出土陶器、瓷器、竹器、木器、牙器、乐器、纺织器和纺织工具 220 余件,尽管大部分墓被盗,但它仍是目前东南亚地区悬棺葬出土文物最多的一批,无论是文物的科学价值、墓葬结构、葬具的式样,还是崖墓现存数量和年代久远,都是其他崖葬区无法比拟的,因此它被认为是 20 世纪中国重大的考古发现之一"⑤,

---

① 〔宋〕晁补之:《出游龙虎山舟中望仙岩壁立千仞者不可上其高处穴中往往如囷仓棺椁云盖仙人所居也余意大水入宅山上所作》,北京大学古文献研究所编:《全宋诗》(第 19 册),北京大学出版社 1995 年版,第 12880 页。

② 刘诗中:《仙人城探秘——龙虎山崖墓考察记》,《南方文物》2000 年第 2 期。

③ 〔宋〕王象之:《舆地纪胜》卷三十二"饶州景物",清道光二十九年刻本。

④ 转引自李科友、许智范:《揭开"仙岩之谜"》,《江西历史文物》1980 年第 1 期。

⑤ 刘诗中:《仙人城探秘——龙虎山崖墓考察记》,《南方文物》2000 年第 2 期。

其中的纺织机构件是我国出土最多的一批,且种类齐全,木筝则是中国已发现年代最早的弦乐器。崖墓利用崖壁上天然崖洞构筑,墓穴大小不一,崖墓洞口的朝向基本上朝东,或东偏北、东偏南,埋葬形式主要分为单洞单葬、单洞群葬、联洞群葬等三种。死者一人一棺,棺为独木棺,大小不等,大者长达3.9米、高1.2米,小者长0.9米,宽0.2米。崖墓的组成部分包括崖洞、封门、土棺床、棺木,崖洞口原状均有木板封门,木板下方有地栿,现状封门板地栿多数不存,土棺床多有留存。

　　1978—1979年考古发掘对已发掘的墓葬进行编号,未对全部仙水岩崖墓进行系统编号,未绘制崖墓分布立面图。2005年4月28日至5月6日,中国社科院考古所、中科院、江西省博物馆有关专家一行组成科考队对仙水岩崖墓群进行了调查。2010年在规划调查的基础上,对仙水岩崖墓群现存所有崖墓进行统一编号(表3-1)。

表3-1　崖墓统计表(董祖全制表)

编号	名称	所处区域	现存数量(座)	墓葬编号
1	水岩崖墓	龙虎山村	30	2010LXM1—2010LXM30
2	仙女岩崖墓	龙虎山村	14	2010LXM39—2010LXM52
3	禾斛岩崖墓	龙虎山村	8	2010LXM31—2010LXM38
4	金钟峰崖墓	龙虎山村	1	2010LXM53
5	覆盆岩崖墓	龙虎山村	2	2010LXM54—2010LXM55
6	仙岩崖墓	龙虎山村	9	2010LXM56—2010LXM62 2010LXM111—2010LXM112
7	河豚堡崖墓	龙虎山村	1	2010LXM63
8	鼓仔峰崖墓	无蚊村	12	2010LXM64—2010LXM75
9	柱石峰崖墓	龙虎山村	6	2010LXM76—2010LXM79 2010LXM113—2010LXM114
10	僧尼峰崖墓	龙虎山村	1	2010LXM80
11	保驾峰崖墓	菱湖陈家	8	2010LXM81—2010LXM83 2010LXM115—2010LXM119
12	螺丝岭崖墓	菱湖陈家	7	2010LXM84—2010LXM90
13	雄咀石崖墓	炉底杨家	10	2010LXM91—2010LXM100

编号	名称	所处区域	现存数量（座）	墓葬编号
14	猴石崖墓	炉底杨家	8	2010LXM103—2010LXM110
15	香炉峰崖墓	口上村	1	2010LXM101
16	瑶簪石崖墓	龚店村	1	2010LXM102

二、仙水岩崖墓群具有极高的历史、科学、艺术和社会价值

崖墓是中国和东南亚地区的独特葬俗，仙水岩崖墓群是目前中国乃至东南亚发现最早的、保存完整、出土文物丰富、价值很高的崖墓群之一，对于研究古代丧葬文化和我国春秋战国时期的考古学文化谱系具有重要的意义；是集崖墓、丹山洞穴、碧水绿野于一体的独特文化景观，是中国古代"天人合一"世界观的深刻体现和历史实证；是探索中国崖墓之谜的重要代表性实证，同时也为我国古代陶瓷史、纺织史、音乐史研究提供了珍贵的实物资料；是研究春秋战国时期古越族人如何将千斤重棺木吊升后放入离水面或地面数十米高崖洞这一技术的重要实证；出土的古代斜织机构件将古代斜织机使用年代从东汉提前至春秋，木等的发现将中国的弦乐器发明时间从汉代提前到春秋；出土棺木均系整木刳制而成，并使用了精确榫卯技术，堪为中国两千多年前木作刳制和榫卯技术的典范；崖墓所在崖洞千姿百态、鬼斧神工，是丹霞地貌长期风化发育的自然景观，具有重要的地质学研究价值；崖墓出土的提梁盉等黑陶器造型独特，尊、罐等原始青瓷器烧制精巧，仿铜木剑精致灵巧，尤以两件木等形制完整、填补国内空白；崖墓于悬崖凌空分布，崖洞千姿百态，具有很高的自然美和视觉观赏价值；仙水岩崖墓群是龙虎山作为全国重点文物保护单位和世界自然遗产、世界地质公园、国家重点风景名胜区的重要价值所在，有深远的社会影响和知名度，已成为海内外探索千年崖墓之谜的首选地，中外新闻媒体长期连续报道，极大地促进了民众对江西文化遗产的关注，促进了对南方古代文明的解读、研究工作，是加强历史教育、爱国主义教育，提高民族自豪感，推进社会主义精神文明建设的重要载体；崖墓所在地融道教文化、丹山碧水等文化和自然景观为一体，是江西乃至全国文化旅游和生态旅游的重要资源。

以下为仙水岩墓群现状图片。

图 3-1　仙水岩崖墓区远眺

图 3-2　水岩崖墓全景

图 3-3　水岩崖墓升棺表演地——飞云阁

图 3-4　水岩飞云阁上方崖墓群

图 3-5　水岩崖墓南部近景

图 3-6　水岩崖墓棺木与土棺床

图 3-7   水岩崖墓洞口棺木

图 3-8   仙女岩崖墓近景一

图 3-9 仙女岩崖墓近景二

图 3-10 仙女岩崖墓北部

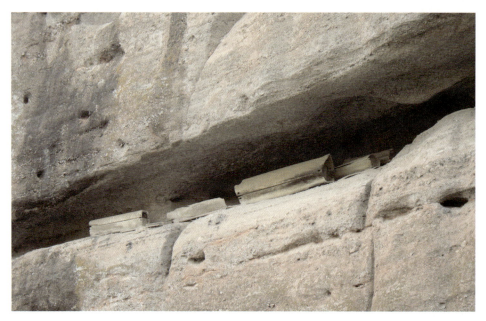

图 3-11　仙女岩单洞群葬崖墓

图 3-12　仙女岩土棺床与棺木

图 3-13　仙女岩棺木

图 3-14　仙女岩棺板

图 3-15   金钟峰与禾斛岩崖墓

图 3-16   金钟峰崖墓远景（东北—西南）

图 3-17　金钟峰崖墓全景

图 3-18　金钟峰崖墓近景

图 3-19 覆盆岩崖墓全景

图 3-20 覆盆岩崖墓北部

图 3-21 仙岩崖墓远景

图 3-22 仙岩崖墓

图 3-23   仙岩崖墓北部一

图 3-24   仙岩崖墓北部二

图 3-25　仙岩崖墓土棺床

图 3-26　仙岩晚期崖墓

图 3-27　河豚堡崖墓

图 3-28　柱石峰崖墓全景

图 3-29　柱石峰崖墓近景一

图 3-30　柱石峰崖墓近景二

图 3-31 柱石峰崖墓近景三

图 3-32 鼓仔峰崖墓（东—西）

图 3-33　鼓仔峰崖墓上部

图 3-34　鼓仔峰崖墓下部棺木

图 3-35　鼓仔峰崖墓（东北—西南）

图 3-36　鼓仔峰崖墓洞口

图 3-37　螺丝岭崖墓环境

图 3-38　螺丝岭崖墓远景

图 3-39　螺丝岭崖墓下部

图 3-40　螺丝岭崖墓近景

图 3-41　僧尼峰崖墓土棺床

图 3-42 僧尼峰崖墓全景

图 3-43　保驾峰崖墓远景（西北—东南）

图 3-44　保驾峰崖墓近景一

图 3-45 保驾峰崖墓近景二

图 3-46 保驾峰崖墓近景三

图 3-47　保驾峰崖墓近景四

图 3-48　保驾峰崖墓近景五

图 3-49 保驾峰崖墓棺板

图 3-50 雄咀石近景一

图 3-51　雄咀石近景二

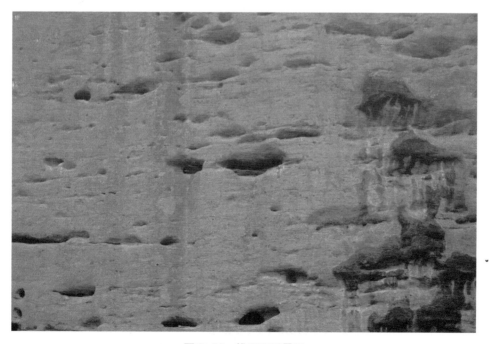

图 3-52　雄咀石近景三

图 3-53   雄咀石远景

图 3-54 瑶簪石崖墓

图 3-55 猴石崖墓远景（东北—西南）

图 3-56　猴石崖墓全景（南—北）

图 3-57　猴石崖墓洞内土棺床一

图 3-58　猴石崖墓洞内土棺床二

图 3-59　香炉峰崖墓远景

图 3-60　香炉峰崖墓

图 3-61　香炉峰崖墓背面

第二章

仙水岩崖墓群现状评估

一、崖墓群本体真实性和完整性评估

根据已有考古发掘成果和现状调查,崖墓普遍位于海拔高度 90—150 米之间,同时距离水面或地面一般在 20—70 米之间,崖墓的崖洞、棺木、封门、土棺床受到人为干预较小,真实性好。

从崖洞、棺木、封门、土棺床四方面对崖墓完整性评估分类:完整性好（A 类）,即崖墓的崖洞、棺木、封门、土棺床基本完整地保持了原貌,仅有局部缺失;完整性较好（B 类）,即崖墓的崖洞、棺木保持原貌,但封门丧失,土棺床局部缺失,不影响墓葬整体稳定;完整性一般（C 类）,即崖墓的崖洞保持了原貌,但封门丧失,棺木构件不完整,土棺床局部缺失;完整性较差（D 类）,即崖墓的崖洞保持了原貌,棺木和封门丧失,土棺床局部缺失。

二、崖墓群病害程度评估

总体上,崖墓崖洞无重大安全隐患,但存在种种病害问题。主要是:轻微（A 类）,即棺木、封门、土棺床均保存较为完整,有少量的残损点,不影响墓葬本体安全和价值体现;中度（B 类）,墓葬封门丧失,棺木和土棺床均出现残损,影响文物价值的体现;严重（C 类）,封门、棺木丧失,土棺床残损严重,严重影响文物价值的体现（表 3-2）。

表 3-2　墓葬本体现状评估（董祖全制表）

墓葬编号	完整性评估	病害评估		墓葬编号	完整性评估	病害评估
2010LXM1	B 类	B 类		2010LXM60	B 类	B 类
2010LXM2	B 类	B 类		2010LXM61	C 类	B 类
2010LXM3	B 类	B 类		2010LXM62	D 类	C 类
2010LXM4	B 类	B 类		2010LXM63	C 类	B 类
2010LXM5	B 类	B 类		2010LXM64	D 类	C 类
2010LXM6	B 类	B 类		2010LXM65	D 类	C 类
2010LXM7	B 类	B 类		2010LXM66	D 类	C 类
2010LXM8	D 类	C 类		2010LXM67	C 类	B 类
2010LXM9	C 类	B 类		2010LXM68	C 类	B 类
2010LXM10	B 类	B 类		2010LXM69	D 类	C 类
2010LXM11	B 类	B 类		2010LXM70	D 类	C 类
2010LXM12	B 类	B 类		2010LXM71	C 类	B 类
2010LXM13	B 类	B 类		2010LXM72	C 类	B 类
2010LXM14	B 类	B 类		2010LXM73	C 类	B 类
2010LXM15	C 类	B 类		2010LXM74	C 类	B 类
2010LXM16	B 类	B 类		2010LXM75	C 类	B 类
2010LXM17	D 类	C 类		2010LXM76	B 类	B 类
2010LXM18	C 类	B 类		2010LXM77	D 类	C 类
2010LXM19	C 类	B 类		2010LXM78	B 类	B 类
2010LXM20	D 类	C 类		2010LXM79	D 类	C 类
2010LXM21	B 类	B 类		2010LXM80	D 类	C 类
2010LXM22	B 类	B 类		2010LXM81	C 类	B 类
2010LXM23	B 类	B 类		2010LXM82	C 类	B 类
2010LXM24	B 类	B 类		2010LXM83	C 类	B 类
2010LXM25	B 类	B 类		2010LXM84	D 类	C 类
2010LXM26	B 类	B 类		2010LXM85	C 类	B 类

（续表）

墓葬编号	完整性评估	病害评估		墓葬编号	完整性评估	病害评估
2010LXM27	D类	C类		2010LXM86	A类	A类
2010LXM28	D类	C类		2010LXM87	A类	A类
2010LXM29	B类	B类		2010LXM88	C类	B类
2010LXM30	D类	C类		2010LXM89	C类	B类
2010LXM31	B类	B类		2010LXM90	C类	B类
2010LXM32	D类	C类		2010LXM91	C类	B类
2010LXM33	C类	B类		2010LXM92	D类	C类
2010LXM34	C类	B类		2010LXM93	C类	B类
2010LXM35	C类	B类		2010LXM94	C类	B类
2010LXM36	C类	B类		2010LXM95	C类	B类
2010LXM37	D类	C类		2010LXM96	D类	C类
2010LXM38	D类	C类		2010LXM97	C类	B类
2010LXM39	C类	B类		2010LXM98	C类	B类
2010LXM40	C类	B类		2010LXM99	D类	C类
2010LXM41	C类	B类		2010LXM100	D类	C类
2010LXM42	B类	B类		2010LXM101	B类	B类
2010LXM43	B类	B类		2010LXM102	D类	C类
2010LXM44	B类	B类		2010LXM103	A类	A类
2010LXM45	B类	B类		2010LXM104	B类	B类
2010LXM46	B类	B类		2010LXM105	D类	C类
2010LXM47	B类	B类		2010LXM106	D类	C类
2010LXM48	D类	C类		2010LXM107	D类	C类
2010LXM49	B类	B类		2010LXM108	D类	C类
2010LXM50	C类	B类		2010LXM109	D类	C类
2010LXM51	C类	B类		2010LXM110	D类	C类
2010LXM52	D类	C类		2010LXM111	D类	C类

（续表）

墓葬编号	完整性评估	病害评估		墓葬编号	完整性评估	病害评估
2010LXM53	B 类	B 类		2010LXM112	D 类	C 类
2010LXM54	A 类	A 类		2010LXM113	D 类	C 类
2010LXM55	C 类	B 类		2010LXM114	D 类	C 类
2010LXM56	C 类	B 类		2010LXM115	B 类	B 类
2010LXM57	C 类	B 类		2010LXM116	D 类	C 类
2010LXM58	B 类	B 类		2010LXM117	B 类	B 类
2010LXM59	D 类	C 类		2010LXM118	C 类	B 类
				2010LXM119	A 类	A 类

综上所述,仙水岩崖墓群的整体保护状况较好,同时受到一些人为因素和自然因素的干扰破坏。[①]

历史上的盗掘活动使得绝大多数崖墓封门板丧失,部分棺木丧失或者跌落崖下,洞内棺木严重移动。崖墓崖体均为砂质岩,洞内出现堆积体和岩体失稳、岩壁塌落等诸多地质病害。部分崖墓洞口下部岩体风化剥落,导致部分崖墓洞口向下倾斜,加之崖墓底部的土棺床垮塌,棺木有跌落崖下的隐患。雨水冲刷、渗水、温差干湿、风化等因素,导致崖墓洞内出现堆积体和岩体失稳、岩壁塌落等诸多病害,一些岩体裂缝、失稳、渗水较明显。动物活动污染和破坏了崖墓内的文物保存环境,鸟类、蝙蝠的粪便对棺木和文物均有一定的腐蚀作用,老鼠、白蚁啃噬棺木,加剧文物残损。考古发掘出土的棺木、木器、竹器由于保存条件不佳,有白蚁蛀蚀、受潮、霉变等现象。

三、崖墓群可移动文物和其他类别文物现状评估

崖墓出土可移动文物以木质文物、陶质文物为主,并有少量纺织文物,收藏于江西省博物馆和贵溪市博物馆,其中,木质文物出现不同程度的开裂、断裂和糟朽病害,纺织文物出现变色、霉变和断裂病害。

崖墓群周边存有众多其他类型的文物,保存状况较好。仙岩、水岩的下

① 董祖权编:《仙水岩崖墓群保护规划说明和基础资料》, 2010 年。

部还留有古代文人墨客和现代名人的题刻,如"玉璧凌空""仙岩环翠""半天仙迹""神仙可栖""鹤归留影"等;仙水岩崖墓主体区地下还保留有宋代飞云阁遗址、明清时期的仙人城和仙姑庵遗址,其上目前均已兴建了仿古景观建筑。

四、崖墓群环境评估

一方面,崖墓群所在岩体地处丹霞地貌,千姿百态的奇峰秀岩此起彼伏,泸溪河流贯其间,丹山与碧水相依,崖墓生态及景观环境状况较好,部分旅游服务设施促进了文物展示利用;另一方面,仙水岩崖墓群环境面临一些问题。

崖墓区较原真状态的地形地貌保存完整。保驾峰崖墓区周边分布有较多的平地,以农田为主,有少量村庄用地,地形地貌受人类活动影响较小;香炉峰崖墓和瑶簪石崖墓均位于水库边缘,周边无农田和村庄,地形地貌状态均良好。

崖墓群周边的植被覆盖率较高,崖墓所在山体顶部多为毛竹、低矮灌木类植物,崖体周边的平地植物种类繁多,绿树成荫。仙水岩崖墓区内有泸溪河,沿河居民点少,植被覆盖率高,水质清澈;保驾峰崖墓区内分布有白塔渠和天鹅湖,村庄污水处理后排放,水域水质较好;香炉峰崖墓周边的香炉峰水库、瑶簪石崖墓东侧水库,均水质良好。

但是,崖墓群所在地的丹霞砂岩山体受水流长期冲刷、溶蚀风化等综合作用,存在崩塌隐患,影响崖墓载体的安全;龙虎山地处亚热带季风气候区,雨量丰沛,崖面流水、裂缝和孔隙渗水加剧崖墓风化;泸溪河上游、下游的采沙、砍伐树木等活动,破坏植被,导致水土流失;崖墓周边砍伐树木、开荒、挖塘、电鱼、堆放生活垃圾等村民活动破坏了崖墓的周边生态环境。

五、崖墓群建筑环境评估

崖墓区整体建筑风貌较好,景观环境良好。陈家、上舒家、无蚊村、新无蚊村均为两层青瓦坡屋顶建筑,仙岩上方的仙人城、水岩下方的飞云阁、僧尼峰北侧的观景亭均为小型仿古建筑小品,建筑环境风貌较为协调。香炉峰崖墓和瑶簪石崖墓周边均为自然生态,景观环境良好。

崖墓群处于山林景区内,存在山林火灾隐患。

保驾峰崖墓区内分布有菱湖陈家、炉底杨家两处村庄。菱湖陈家的建筑主要为两层或两层以下青瓦坡屋顶建筑,风貌较为协调。在炉底杨家,主要是两层及两层以上的砖混建筑,外立面为红砖或瓷砖,有部分建筑紧邻崖墓山体修建,破坏崖墓周边历史环境风貌和景观视线。

崖墓区中部的河豚堡东侧河滩对面、保驾峰西北侧天鹅湖畔对面和香炉峰崖墓水库岸边对面,均有少量建筑垃圾和生活垃圾,破坏了环境。

六、崖墓群基础设施评估

交通现状:仙水岩崖墓区为龙虎山风景名胜区的核心景区,交通便利通畅,道路、停车场、游览码头设施完善,由旅游专线公路、步行道、水道组成的交通体系,能够基本满足交通需求。区内公路主要沿泸溪河平行或垂直分布,各主要景点之间的游步道建设已完成,游客还可沿泸溪河进行水上游览。但交通设施与旅游业快速发展仍不适应,保驾峰崖墓、香炉峰崖墓和瑶簪石崖墓周边交通不便,无步行道和旅游停车场。

给水和雨污排放现状:供水主要通过取泸溪河水或地下渗透水供给,区内村民用水主要靠汲井水源,服务区用水主要靠龙虎山水厂、龙虎山庄供水点等供水设施;无污水处理厂,雨污合流排放,大部分排入泸溪河,对河水造成污染。

电力和电信设施现状:区内用电主要依靠龙虎山 110 KV 变电站供电,10 KV 电力线为架空敷设,基本满足需求;局部地段无移动通信信号,有线电视覆盖率、普及率不高,电信、电视线路大多架空敷设,影响崖墓环境。

消防设施现状:崖墓群的消防工作由龙虎山公安分局消防大队负责,因防护范围较大,崖体上及周边林木茂密,森林火险隐患较大,消防专业人员和器材配备均显不足。

七、崖墓群展示利用评估

崖墓群位于龙虎山风景名胜区内,自然景观与人文景观交相辉映,旅游基础设施完备、功能齐全,旅游开发较为合理,社会知名度和经济效益较好,但较偏僻区域的崖墓区展示内容不全,龙虎山博物馆展示内涵不足。

崖墓群范围内的旅游服务设施和旅游活动,与文物环境风貌较为协调。

主要旅游服务设施包括公路、停车场、仿古建筑、步行道、简易码头等。其中公路、停车场远离崖墓群,基本无负面影响;简易码头体量较小,与崖墓环境风貌较为协调;步行道和仿古建筑的建造选址较为合理;水岩设置升棺表演,升棺表演观赏台为仿古建筑飞云阁,吸引了较多游客观看。

展示利用方面存在的问题。升棺表演对游客认识崖墓群真实历史文化内涵有一定的误导,同时飞云阁上方时有砂砾岩块坠落,屋面残损严重,存在安全隐患;仙水岩崖墓群的旅游开放展示主要集中于泸溪河两侧的水岩、仙女岩、禾斛岩、金钟峰、覆盆岩、仙岩、河豚堡、鼓仔峰、柱石峰、僧尼峰等10座山峰区域,远离泸溪河,偏僻的保驾峰、螺丝岭、雄咀石、猴石、香炉峰、瑶簪石则未开放展示,展示工作尚未展开,展示配套设施缺乏;考古发掘出土文物分别藏于江西省博物馆和贵溪市博物馆,导致当地已经建成的龙虎山博物馆内缺乏崖墓文物,陈列展示的崖墓历史文化内容不够丰富和突出,真实感不足,不利于高效、生动、全面展示仙水岩崖墓群。

八、崖墓群管理评估

文物"四有"工作有一定基础,保护机构和保护档案已经建立,并划定了保护范围和建设控制地带,保护和管理工作基础较好。

但是,崖墓群管理工作存在问题。一是保护范围和建设控制地带界限模糊,有少数崖墓点未纳入到崖墓群的保护范围。崖墓群原有保护范围和建设控制地带是,东至仙桃石、僧尼峰,南至正一观,西至206国道,北至龙虎山镇口上舒家,保驾峰崖墓区、香炉峰崖墓、柱石峰崖墓、鼓仔峰崖墓、瑶簪石崖墓未包含在保护范围以内,没有满足文物的完整性要求。仙水岩崖墓群未划定建设控制地带,难以对文物本体及周边环境进行有效保护和管理。二是保驾峰崖墓区、香炉峰崖墓、柱石峰崖墓、鼓仔峰崖墓、瑶簪石崖墓的综合管理不足,保护管理法规建设以及安防、监测设施和工作机制有待完善。三是保护资金投入不足,影响了崖墓群的有效保护和环境景观改善。

以下为仙水岩崖墓群保护面临问题图片。

图 3-62　流水侵蚀

图 3-63　温差干湿作用

图 3-64　纵向崖体裂缝

图 3-65　崖体裂缝

图 3-66 崖体风化一

图 3-67 崖体风化二

图 3-68　崖体裂缝与棺板掉落

图 3-69 崖体砂岩剥落

图 3-70 崖墓洞内掉落砂石

图 3-71 崖墓危石

图 3-72 危岩

图 3-73 水泥加固损害崖墓风貌

图 3-74 崖洞被侵占

图 3-75　崖墓旁无蚊村道路建设

图 3-76　崖墓旁新无蚊村房屋建设

第三章

仙水岩崖墓群保护规划框架

一、思路和原则

依法保护,贯彻"保护为主、抢救第一、加强管理、合理利用"方针;保护崖墓群本体及相关环境的安全性、真实性、完整性、延续性,实现崖墓的整体保护和科学保护;加强崖墓保护和崖墓旅游的全面深度融合,促进文物保护和旅游业发展相协调。

二、目标和对策

目标。加大考古和研究力度,完整保护仙水岩崖墓本体、整体格局和历史环境风貌,将崖墓保护与区域生态环境整治改善相结合,努力实现文化遗产与自然遗产的和谐,促进崖墓与周边环境区域的可持续发展,使龙虎山成为享誉天下的天然崖墓博物馆。

对策。一是通过考古调查和考古发掘,全面揭示崖墓主人、升置技术、丧葬习俗等方面的丰富内涵,使崖墓保护工程、展示内容更具科学性。二是通过科学调整保护区划,增强崖墓日常维护和管理保障水平。三是通过文物保护工程,使残损的崖墓得到加固。四是通过整治和搬迁区域内影响自然环境风貌和历史环境风貌的建筑,使周边建筑与崖墓和丹霞地貌相协调,促进文物保护与旅游业的协调发展。五是通过技术手段、行政手段、经济手段、法律手段,加强对崖墓本体和环境的统筹治理,努力遏制对崖墓和崖墓景观造成破坏的各类人为因素和自然因素。六是分期实施保护。根据崖墓的保存状况、考古工作要求、政府投资力度、崖墓群保护范围和建设控制地带保护和管理的要求,分区和分期逐步实施各项保护、展示和管理工作。七是加强管理保障,进一步明确崖墓群的管理权和使用权,明确以文物主管部门为主要责任单位,明确崖墓群保护和管理职责,加强崖墓群文物管理机构的专业管理水平,科学实施崖墓群的文物保护管理和监控。

三、总体布局和保护区划

1. 总体布局

以现存崖墓本体、崖墓载体及其周边环境为重点文物保护区,以泸溪河、白塔渠沿岸为重点环境保护区暨展示旅游服务区。

2. 保护区划

保护区划原则是:保障崖墓的完整性和安全性,以已探明崖墓的分布区域和新发现的崖墓为基础,考虑崖墓的可能分布区域;以崖墓依附地的地形、地貌条件为依据,科学分析区域现状用地边界、道路、水系,体现崖墓与山体、水域、农田等环境的紧密联系和整体性;考虑崖墓周边现有风景名胜区环境条件和发展情况,体现前瞻性和可操作性;遵循世界自然遗产地的相关要求。原有区划是,北纬 27° 50′ 11″—28° 5′ 20″,东经 116° 58′ 10″—117° 9′ 20″,保护范围与建设控制地带四至边界为,东至仙桃石、僧尼峰,西至 206 国道,南至龙虎山正一观,北至龙虎山镇口上舒家。依据崖墓的分布位置,仙水岩崖墓群分为四个区域:仙水岩崖墓区、保驾峰崖墓区、香炉峰崖墓、瑶簪石崖墓,确定其保护区划如下。

(1)仙水岩崖墓主体区。"保护范围面积 147.57 公顷,东部边界以泸溪河拦河坝东坝头为起点,向东南依次过柱石峰、僧尼峰制高点,再沿泸溪河东岸延伸至道堂岩下,沿线经过控制点 XBD1—XBD6;南部边界以道堂岩崖壁为起点过泸溪河,过鼓仔峰南侧端点外 50 米一线,沿线经过控制点 XBD6—XBD7;西部边界以鼓仔峰南侧端点外 50 米为起点,向北沿泸溪河西岸依次过仙岩制高点、仙女岩制高点,然后往东北沿白塔河东岸至舒家村南的堤坝一线,沿线经过控制点 XBD7—XBD13;北部边界以泸溪河拦河坝和舒家村南部堤坝为界,沿线经过控制点 XBD13—XBD1。建设控制地带面积 227.19 公顷,东部边界以拦河坝东端以北 20 米为起点,沿泸溪河东侧山峦间新修柏油公路往南,过脸谱岩和道堂岩的制高点,再经过道堂岩南端 50 米端点一线,沿线经过控制点 XJD1—XJD9;南部边界从保护范围线外延 50 米,沿线经过控制点 XJD9—XJD11;西部边界沿鼓仔峰、醉猴峰西南侧的山间低谷,折北沿 206 国道至陈家村北侧,沿线经过控制点 XJD11—XJD17;北部边界以陈家村外延 20 米至拦河坝外延 20 米线,沿线经过控制点 XJD17—XJD18—XJD1。"①

（2）保驾峰崖墓区。保护范围面积 73.13 公顷,东部边界以保驾峰东缘为起点,再沿东南依次过螺丝岭东北侧水库坝顶、菱湖陈家北面山体的山脚线、90.7 米制高点,沿山谷至猴石东缘外扩 50 米端点,沿线经过控制点 BBD1—BBD6 的连线;南部边界从雄咀石东南崖壁外扩 100 米一线,沿线经过控制点 BBD6—BBD7;西部边界以雄咀石东南崖壁南侧 100 米为起点,沿白塔渠东侧折向北,沿经炉底杨驾西北方向的三个山坡的坡脚线、菱湖陈家北面山体的山脚外延 50 米一线,再折向东南过螺丝岭东缘、保驾峰西南崖壁下山脚一线至保驾峰的西端,沿线经过控制点 BBD7—BBD12;北部边界以天鹅湖水库的南岸为北部边界,沿线经过控制点 BBD12—BBD16—BBD1。建设控制地带面积 88.51 公顷,东部边界以天鹅湖北坝头为起点,向东南依次经过 111.6 米、165.2 米、170.1 米等三个制高点,至金钟峰东南 100 米一线,沿线经过控制点 BJD1—BJD5;南部边界保护范围外延 50 米,西南至X316 公路西侧,沿线经过控制点 BJD5—BJD6;西部边界沿 X316 公路西侧向西北,至公路与天鹅湖的东端最远点,沿线经过控制点 BJD6—BJD7;北部边界以天鹅湖东岸为北部边界,沿线经过控制点 BJD7—BJD13—BJD1。

（3）香炉峰崖墓。保护范围面积 6.51 公顷,以香炉峰四周崖脚向外延伸 10 米,周边设立 LBD1、LBD2、LBD3、LBD4 四个控制点。建设控制地带面积 28.55 公顷,香炉峰东、南、北三面的建设控制地带范围的界线,以香炉峰水库与香炉峰所在山地的交界为界线,香炉峰西面的建设控制地带以香炉峰东侧山地的两个制高点、山脊、山凹为界线,共设置 14 个控制点 LJD1—LJD14。

（4）瑶簪石崖墓。保护范围面积 1.57 公顷,以瑶簪石北部 200 米等高线、南部 175 米等高线为界,两条等高线与东侧排牙石、西侧牛岩的崖壁相

---

① 董祖权编:《仙水岩崖墓群保护规划说明和基础资料》,2010 年。

图 3-77 仙水岩崖墓群分布卫星影像图

交为界,周边设立 YBD1、YBD2、YBD3、YBD4 等四个控制点。建设控制地带面积 2.77 公顷,以排牙石北峰制高点为起点,沿经排牙石东侧崖脚线和瑶簪石东侧水库西岸、往西北过牛岩西侧的两个制高点,周边设立 YJD1、YJD2、YJD3、YJD4、YJD5 等五个控制点。

四、保护范围管理规定

1. 保护范围内不得进行其他建设工程或者爆破、钻探、挖掘等作业。如有因特殊情况需要在文物保护单位的保护范围内进行其他建设工程或者爆破、钻探、挖掘等作业的,必须保证文物保护单位的安全,并经江西省人民政府批准,在批准前应当征得国家文物局同意。

2. 保护范围内土地除保留泸溪河和白塔渠的水域、崖顶林地原有性质外,其余用地调整为文物保护用地,保护范围内禁止新建任何仿古建筑和现代建筑。

3. 保护范围内不得建设污染文物保护单位及其环境的设施,不得进行可能影响文物保护单位安全及其环境的活动。对已有的污染文物保护单位及其环境的设施,应当限期治理。

4. 管理或使用单位实施崖墓保护工程,应事先报请省和国家文物部门批准。文物保护工程的设计施工和实施,必须委托具备文物保护资质的单位进行,工程实施必须符合《文物保护工程管理办法》的要求及相关的行业规范,履行审批程序后方可实施。"不允许以追求新鲜华丽为目的重新装饰彩绘"[1],特别要注意不可把崖墓修旧如新,文物古迹的审美价值是其历史真实性,不允许为追求华丽而改变文物原状。

5. 不得将保护范围内崖洞用于他途,包括出售、租赁等。

6. 不得破坏保护范围内的树木及其他植被。

7. 考古调查新发现的崖墓必须纳入仙水岩崖墓群,并划定和公布保护范围和建设控制地带。

---

[1]   国际古迹遗址理事会中国国家委员会:《中国文物古迹保护准则(2015 年修订)》,文物出版社,2015 年,第 21 页。

五、建设控制地带管理规定

1. 在建设控制地带内进行建设工程,不得破坏文物保护单位的历史环境和自然环境风貌;工程设计方案应经国家文物局同意后,报城乡建设规划部门批准。

2. 建设控制地带内不得建设污染文物保护单位及其环境的设施,不得进行可能影响文物保护单位安全及其环境的活动。对已有的污染文物保护单位及其环境的设施,应当限期治理。

3. 严格控制建设控制地带内现代建筑的建筑密度、体量、色彩。建设控制地带内的建筑密度不得大于20%,原有建筑不得加层,新建建筑屋顶形式为坡屋顶,正脊高度不得超过9米,建筑外立面以灰、白为基调。

4. 统一设计建设控制地带内各类标示物、指路牌、说明牌等,旅游服务建筑不得使用巨型广告及灯箱。

5. 保护龙虎山丹霞地貌作为世界自然遗产地的生物多样性,加强绿化,提高区域内绿化覆盖率,以种植本地植被品种为主。

6. 必须及时将建设控制地带内考古发现向文物部门报告,并有效保护出土遗迹和文物。

第四章

仙水岩崖墓群考古和科研规划

一、考古和科研工作基本要求

立足崖墓特殊重要价值，以考古调查为主，为考古发掘和科研创造条件；在考古发掘基础上，着力加强多学科综合研究，落实研究资金；根据崖墓凌空悬崖的特殊性，考古调查和发掘坚持安全第一、传统考古与高科技紧密结合；通过考古调查，对遗迹统一编号，详细记录崖墓的数量、尺寸、保存状况等，全面记录崖墓的详细信息；建立统一的考古测绘坐标系统，与大地测绘坐标系统相衔接，所有考古发现的崖墓、遗迹、遗物必须纳入考古测绘坐标系统；以崖墓调查、地面勘探为主，重点发掘，发掘进程中应同步进行出土遗迹和文物的保护工作；所有建设工程，在实施前必须经过考古勘探，必要时进行考古发掘，未经考古勘探或发掘工作，未经文物行政管理部门同意，土地行政管理部门不得批准建设用地，建设规划行政管理部门不得颁发建设工程规划许可证。

二、考古和科研工作实施步骤和内容

1. 近期。进一步开展科学调查。组织专业考古队伍，采用三维激光扫描仪、全站仪、GPS 等设备，对现有的崖墓及可能存在崖墓的崖体进行调查。对规划区内的其他类型遗迹也应进行科学调查。科学发掘瑶簪石、香炉峰崖墓。加强研究工作，近期研究重点为崖墓的产生、发展、演变以及丧葬习俗、悬棺提升方法等方面。采用科技考古学的方法研究墓葬出土的器具、人骨等文物。

2. 中期。完成崖墓的深入调查。对所有发现的崖墓统一编号,做出崖墓坐标、形制、保存状况的详细记录,并纳入考古测绘坐标系统。科学发掘猴石崖墓。在调查和勘探的基础上深化研究,重点为古越族的其他埋葬形式以及崖墓与其他埋葬形式的关系,及他们所代表的意义。

3. 远期。整理历次发掘的调查资料,出版调查发掘报告,为研究和保护提供依据。深入研究龙虎山地区的自然环境、聚落形态、文化内涵及其相互之间的紧密关系,研究、解密崖墓安置技术等古代之谜。

第五章

仙水岩崖墓群保护措施与保护工程研究

一、保护原则

一是必须遵守不改变文物原状的原则,以及最少干预、可识别性、可逆性的原则,做到"非临时性加固措施应当做出标记、说明"①,所有加固、修复的部分都应有详细的记录档案和永久的年代标志。二是保护工程实施前必须对文物所在区域进行全面调查和清理,探明文物分布情况后方可进行。三是保护措施的实施必须以延续现状、缓解损伤为主要目标,必须考虑崖墓与所在岩体整体保护、崖墓本体保护与丹山、碧水、绿树等环境统筹协调的原则。崖墓及崖体保护应尽可能采取物理技术,需要采用化学技术进行保护的,必须审慎反复论证,所有保护补强材料和施工方法都必须在实验室先行试验,取得可行结果后,才允许在被保护的实物上做局部的中间试验。中间试验的结果至少要经过一年时间,得到完全可靠的效果以后,方允许扩大范围使用。四是根据《中国文物古迹保护准则》《文物保护工程管理办法》和仙水岩崖墓群价值、特点和面临的问题制定保护措施。五是制定考古调查和考古发掘计划。全面、深入调查崖墓的分布范围、位置及保护状态,为考古发掘和保护提供科学依据。调查和发掘计划须报国家文物局批准后实施。

二、保护措施

1. 报请政府公布保护区划。

---

① 国际古迹遗址理事会中国国家委员会:《中国文物古迹保护准则(2015年修订)》,文物出版社,2015年,第20页。

2. 实施崖墓本体保护。根据墓葬保存、残损、病害的类型和程度,对墓葬所在崖洞、封门板、墓葬棺床、棺椁,分别采取相应物理加固保护措施,分为三类:Ⅰ类为病害评估轻微的崖墓,对封门、棺木的榫卯结构、木板进行复位加固,及时清理封门和棺木表面的大气降尘,同时采用与原棺床相同的材料对土棺床残损的部分予以修补;Ⅱ类为病害评估中度的崖墓,采用与原棺床相同的材料对土棺床残损的部分予以修补,同时对残存的榫卯、棺板进行复位加固;Ⅲ类为病害评估严重的崖墓,按照残存的土棺床原状,采用与原棺床相同的材料对土棺床残损的部分予以修补。

3. 加固崖墓所在崖体,增强崖墓、崖洞和崖体的结构稳定性。对危及墓葬和游人安全的结构性裂隙、崩塌、失稳和危岩体,进行防护性结构加固,确保游人安全和文物安全。岩体加固须具有可识别性,不得明显改变崖壁自然面貌。

4. 治理崖壁面流水、渗水侵蚀崖墓问题,做好重点崖墓及其载体的防风化。疏导崖顶流水、崖壁面流水,封堵崖面裂隙,治理纵向、横向渗水,防水工程不得破坏崖墓所在崖体原状。重点对水岩、仙女岩、螺丝岭等三座山峰上的崖墓及崖体进行防水蚀、防风化保护工程。治理螺丝岭崖墓和猴石崖墓东壁裂隙,防止雨水进入崖墓内部,破坏封门、棺木和土棺床。

5. 拆除保护范围内影响崖墓景观的现代建筑和构筑物。拆迁建筑遗留的垃圾运至规划范围外,原建筑区域进行适度绿化;保护范围内不影响文物并具有地方文化特色的近现代建筑予以整治保留,保留利于观测崖墓的小型观景亭。

6. 建立日常监测机制,防微杜渐,加强崖墓日常维护工作。

7. 制定崖墓及其载体的防盗安全巡查制度。建立防盗电子望远镜监测基站及工作机制,在未经发掘、保存完好的崖墓周边,设立简便易行的夜视高倍电子望远镜监测站点,对文物保存状况较好的崖墓区进行昼夜安全巡查,以防不法分子盗窃崖墓文物;同时,在崖墓周边村庄聘请文物安全协管员,建立群众性保护崖墓机制。毗邻菱湖陈家、炉底杨家,居民众多的保驾峰崖墓区,地理位置偏僻、人迹罕至的香炉峰崖墓和瑶簪石崖墓,应配置安全监控设施,并建立管理机构、公安部门、村庄联防机制,防止人为盗掘。将瑶簪石崖下掉落的棺木复位,安放于崖洞中。

8. 完善规划范围内消防设施,保护崖墓及其周边环境安全。保证规划范围内公路的畅通,便于消防部门及时灭火;加强森林防火监测,添置森林防火器材,加强消防专业人员培训。

三、保护工程项目

1. 保护区划界桩。在保护范围的边界设置永久性界桩,其造型、材质和形式应能反映仙水岩崖墓群的文化内涵与环境景观特征,并在每个界桩上逐一刻印编号,标明坐标。

2. 考古调查和发掘。采用区域系统调查的方法,对龙虎山的崖墓进行进一步全面、深入的调查,探明崖墓数量,精确定位崖墓位置及其保存状况;加强与崖墓同时期墓葬、聚落遗址和其他相关文物的考古调查,推动仙水岩崖墓群的学术研究工作;制定科学方案,抢救发掘残损严重、原状保护难度较大的崖墓。

3. 崖墓本体保护工程。采用锚固、灌浆等工程加固技术,对崖洞内崩塌、失稳的岩体进行结构性加固,清理散落在崖墓内的石块;采用传统工艺,选用与原棺床土相同材质的泥土,依照墓葬原有形制和考古成果,重新垒砌水岩、仙女岩崖墓内已经残损的棺床,防止棺床土和木棺跌落崖下,保护文物和游人安全;归置、固定未发掘崖墓内散落封门板、棺板及随葬品,对木质文物作防虫、防腐处理;封门板、棺椁整体结构尚存的,以传统工艺修复残损部分;清除崖体上根系深入崖墓四壁并对崖墓造成危害的植物,包括杂树、绿草、苔藓等,清除崖墓区内影响崖墓景观的各类植物(表3-3)。

4. 岩体加固工程。对位于崖墓分布区域的危岩体,采用支护、护坡、锚固、灌浆等工程技术加固保护。加固工程设计和施工必须由具有专业资质的单位实施,保护技术和材料必须经过科学实验,确保加固岩体的稳定和原有风貌不被破坏。

5. 防渗工程。采用覆土和覆草综合措施,涵滞并分流、疏导崖顶的雨水,防止面流水对崖墓及墓内文物的破坏;封堵崖壁裂隙,防止渗水病害,封堵材料须经过科学实验,具有环保、耐久性等特点,不得对岩体稳定和外观产生不利影响。

6. 日常监测工程。建立监测站,对崖墓保存状态、岩体稳定性、岩体水蚀情况、空气湿度和墓葬加固工程效果等进行长期监测;加强日常监测,提高监测技术和手段的科技水平,监测设备的设置不得影响崖墓及周边环境的风貌;对崖墓周边环境进行综合监测,监测大气质量、水文、环境污染状态,以及绿化、生产、旅游活动对生态环境的影响等。

表 3-3　崖墓物理加固保护措施分类（董祖全制表）

保护措施分类	保护措施	保护对象
I 类	针对封门、棺木、土棺床的物理加固。	M54、M86、M87、M103、M119
II 类	针对土棺床的物理加固,以及对残损棺木结构的物理加固。	M1、M2、M3、M4、M5、M6、M7、M9、M10、M11、M12、M13、M14、M15、M16、M18、M19、M21、M22、M23、M24、M25、M26、M29、M31、M33、M34、M35、M36、M39、M40、M41、M42、M43、M44、M45、M46、M47、M49、M50、M51、M53、M55、M56、M57、M58、M60、M61、M63、M67、M68、M71、M72、M73、M74、M75、M76、M78、M81、M82、M83、M85、M88、M89、M90、M91、M93、M94、M95、M97、M98、M101、M104、M117、M118
III 类	针对土棺床的物理加固。	M8、M17、M20、M27、M28、M30、M32、M37、M38、M48、M52、M59、M62、M64、M65、M66、M69、M70、M77、M79、M80、M84、M92、M96、M99、M100、M102、M105、M106、M107、M108、M109、M110、M111、M112、M113、M114、M116

7. 防盗安全巡查工程。在仙桃石、无蚊村、道堂岩等三处设置昼夜防盗电子光学监视基站,监测盗掘崖墓行为;在保驾峰崖墓片区的周边村庄聘请文物安全协管员,形成人技一体、全天候监护崖墓工作机制。

8. 消防工程。建立森林防火隔离带体系,重点建设植物防火林带,种植木荷等抗火能力强的树种;添置森林防火器材,加强专业人员培训;加强森林防火监测,在重点部位布置防火监测员,发现灾情,应立即报告消防部门,及时消除灾害。

第六章
仙水岩崖墓群环境规划研究

一、环境规划目标和原则

环境规划目标是：搬迁破坏文物本体环境风貌的现代建筑，使人类生产生活活动与崖墓及其自然环境和谐相处；控制农业活动规模和强度，控制村庄规模，保持地形地貌的完整和水域的清洁，保护规划范围内生物多样性。

环境规划原则是：环境整治与崖墓保护、崖墓历史文化特征相结合，使崖墓周边历史环境和自然环境保护、文化内涵和环境相协调；严格把握"保证文物古迹安全，展示文物古迹环境原状，保障合理利用""对保护区划中有损景观的建筑进行调整、拆除或置换，清除可能引起灾害的杂物堆积，制止可能影响文物古迹安全的生产及社会活动，防止环境污染对文物造成的损伤"[①]。

二、环境治理措施

1. 严禁开山、采石、取土、采砂、爆破等破坏地形地貌的活动。

2. 拆除或改造保护范围内与崖墓整体风貌冲突的建筑物或构筑物。搬迁保驾峰崖墓区保护范围内的炉底杨家至南侧的后舒家，拆迁建筑面积约 14 000 多平方米，保护雄咀石和猴石周边环境风貌和景观视线；改造菱湖陈家等与崖墓风貌不协调建筑物或构筑物，改造时不得增加建筑物的高度，应对外观、色彩等方面做相应调整，使其与崖墓风貌相协调；拆除猴石西部严重影响崖墓风貌的一栋建筑。

---

① 国际古迹遗址理事会中国国家委员会：《中国文物古迹保护准则（2015 年修订）》，文物出版社，2015 年，第 23 页。

3. 控制规划范围内的陈家、上舒家、无蚊村、新无蚊村规模。以上四村的建筑面积 43 651 平方米,逐步改造其外观的现代装饰,继续保持现有传统样式建筑风貌。

4. 建设控制地带内应严格控制新建建筑物的规模、数量和建筑高度,其立面、材料等方面应与遗址面貌相协调,色彩以灰、白为主。旅游服务设施建设也应严格控制,禁止在建设过程中对环境造成破坏。

5. 加强垃圾处理。垃圾的处理要纳入龙虎山风景名胜区垃圾处理系统。清理无蚊村附近的垃圾堆和保驾峰附近、香炉峰水库附近的建筑垃圾,并保持长效清洁。配置足够数量的垃圾箱,做到垃圾日清。

6. 控制家畜养殖。家畜养殖应保持卫生,及时清理垃圾,不得对环境造成污染。

7. 主要道路两侧设置植被隔离带,减轻汽车的噪声、尾气污染。

三、生态环境保护措施

1. 严格维护丹山、碧水、绿野的历史生态环境,整治现有旅游排放过度、人口增长过快等问题。

2. 严禁实施污染环境的项目,做好环境影响评估,防治污水、废渣设施必须与主体工程同时设计、同时施工。

3. 治理泸溪河。控制泸溪河上游水电站的数量;严禁采砂、电鱼、毒鱼等任何破坏泸溪河生态的活动;禁止未处理的生活污水和工业污水排入河中;及时清理水面漂浮物。

4. 综合治理生活污水。合理控制区内住宿、餐饮等服务性企业的规模和数量,完善区内排水排污系统,将旅游服务区生活污水排入市政排水排污系统;在区内村庄推广化污池、沼气技术,科学处理和利用生活污水。

5. 发展生态环保型农业,控制区内化肥、农药使用品种和用量,防止对河流、水渠、湖泊、水库等环境载体的污染,禁止污水灌溉。

6. 保护现有植被,防止水土流失,严禁违规砍伐树木;加强环境绿化,保持良好的青山碧水环境。

四、绿化和景观保护措施

实施保护性绿化工程：调整、增加崖墓前方台地的绿化，近崖壁台地主要种植草本植物，远崖壁台地种植一定数量的风景树，形成绿化屏障，减少强烈光照和河水蒸发导致的干湿温度差异对崖墓内文物的破坏；崖壁前台的绿化保护，必须保证崖墓的景观通廊视线畅通；选择具有良好水土保持作用的植物品种。绿化应与景观协调，不得影响视野开阔及景观环境，避免城市园林模式化绿化。进一步巩固和加强泸溪河、白塔渠两岸的绿化，在两岸形成绿化带。加强偏远的雄咀石、螺丝岭的绿化，使良好的自然景观和人文景观交相辉映。

实施景观视线保护：保持泸溪河上下游沿岸视野的开阔；保证水岩、禾斛岩、覆盆岩、河豚堡等沿泸溪河分布的崖墓与河对岸之间视野无建筑物和构筑物遮挡；保证雄咀石、螺丝岭和保驾峰之间的视线通畅。

第七章
仙水岩崖墓群展示和管理规划研究

一、展示原则、目标

保护为主,积极展示,促进旅游。在确保文物安全性、整体性、真实性、可持续性的基础上,深化展示,开展旅游服务。充分展示仙水岩崖墓群内涵和古越族文化,注重崖墓群本体展示与丹霞地貌和其他人文景观相结合。优化环境,完善服务设施和服务能力,抓好综合效益,在保护文物和整体环境风貌的前提下,努力实现社会效益、环境效益和旅游经济效益的统一。合理设置功能,外观和环境协调展示。通过展示崖墓这一中华民族优秀的历史文化和自然遗产,让全社会了解崖墓和龙虎山的重要价值,进一步扩大龙虎山中外知名度,同时提高全社会保护崖墓文物的意识,使全民参与崖墓文物保护。

二、展示方式

对崖墓及崖体进行保护、环境整治之后,对崖墓本体以及环境实施原状和现状展示,使游客更直观地感受崖墓。

模拟历史场景的升棺展示。利用新的研究成果对现有的升棺表演内容进行提升、丰富,以更完整地展示古干越族的丧葬文化内涵。通过龙虎山博物馆的陈列展示,突出崖墓的重要地位和影响,大力征集崖墓文物,创新和丰富陈列方式,增强科技性、知识性。

展示民俗,即在无蚊村、古越民俗村模拟古越族的生产、生活场景。

三、展示分区和内容

展示分四区。一是仙水岩崖墓主体区、崖墓本体展示区,向行走于水岩两岸或泛舟泸溪河的游客展示沿途的崖墓。二是崖墓环境展示区,向游客展示仙水岩崖墓群奇妙优美的环境、交相辉映的丹山碧水和绿野田园风光,尤其是香炉峰、瑶簪石崖墓原生状态环境风光。三是博物馆展示区,向游客揭示崖墓及其相关的历史背景。四是民俗村展示区,向游客展示无蚊村、古越民俗村的古越族生产、生活以及独特丧葬习俗。

四、展示措施

在泸溪河对岸合适的位置配设支架望远镜,方便游客清晰观察崖墓,同时在水岩下设置浮船升降台,方便游客登台升至与崖墓平行位置,近距离观察崖墓。

在科学研究的基础上,合理调整水岩升棺表演,真实再现当时丧葬、祭祀习俗。

扩建龙虎山博物馆,扩大崖墓陈列厅面积,完善文物陈列、资料说明、多媒体展示、沙盘模拟等,利用三维数字模拟等技术实现崖墓逼真模拟复原展示,使观众对崖墓的历史、葬俗都有更加直观的认识。

完善无蚊村、古越民俗村建设和表演,通过活态表演,寓教于乐,既具观赏体验展示目的,又达到休憩娱乐效果。通过仿制崖墓出土的纺织工具,让游客现场体验制作织物出售。创造条件开辟香炉峰、瑶簪石崖墓及环境展示旅游线,丰富和完善仙水岩景区的展示体系。

五、展示及旅游服务设施建设

基本要求是:展示及旅游服务设施应规模适当,功能合理,外观与环境相协调,尽量避免展示服务设施破坏文物本体的风貌和展示气氛;设施应易于安装、移动和拆除,设施、标识等应统一设计、整体和谐,并与文物及其环境相协调。

设施规划项目内容,一是展示及旅游类,包括仿造当年的考古发掘场景建造考古升降台,改造并扩建现有的龙虎山博物馆;二是服务类,包括完善景区停车场、旅游综合服务中心以及码头、步游等,建设面积不超过 1 000 平方

米的保驾峰崖墓区内菱湖陈家生态停车场,建设天鹅湖西侧面积不超过 200
平方米的电瓶车停车场,设置天鹅湖西侧和东侧共两处简易码头,利用好龙
虎山镇的游客服务中心,仙水岩崖墓区不再新建游客服务中心,在保驾峰崖
墓区建设面积不超过 100—150 平方米、建筑高度不超过 9 米的游客服务中
心,同时建设总长约 3 474 米的保驾峰崖墓区鹅卵石旅游步行道;三是标识
类,包括完善全国重点文物保护单位标志牌、崖墓分布图、资料介绍牌、道路
指示牌等;四是解说类,包括设置博物馆电子语音导游系统,对游人进行引
导,进行解说,设置展示区公共广播,既方便游客,也有利于加强安全等方面
综合管理。

六、展示和旅游路线

一线,崖墓主体区:龙虎山镇—水岩—仙女岩—金钟峰—覆盆岩—仙岩
—仙人城—河豚堡—鼓仔峰—无蚊村—象鼻山—僧尼峰—柱石峰—排衙石
—龙虎山博物馆,步行和水路游览方式相结合;二线,保驾峰、香炉峰崖墓片
区:龙虎山镇—雄咀石—螺丝岭—保驾峰—马祖岩—香炉峰—龙虎山博物
馆,步行和水路游览方式相结合。一线、二线通过龙虎山镇实现两线贯连。

开放容量以不破坏文物及环境,有利于管理为前提,开放容量在现状基
数和建设管理水平逐步提升基础上,实行适当性渐进式稳步增长。游客容量
根据道路和水域的面积,仙水岩崖墓群可展示面积为 90 000 平方米,日游人
容量为 4 500 人次,全年开放天数为 330 日,仙水岩崖墓群年容量为 148.5 万
人次。

经国家批准的《龙虎山风景名胜区总体规划(2012—2025)》,对崖墓
群展示和开放的宏观管理做出了框架规定。一是将仙水岩崖墓群等各类文
物景点周围划出的面积为 2.53 平方公里区域作为史迹保护区,区内严格保
护历史遗存,建立保护标志,建立健全、科学的记录档案,实施统一管理。对
区域内的文物建筑按不改变文物原状的原则进行抢救性维修加固,加强各级
文物、史迹、遗址的整体保护和文物历史环境保护,严禁增设与历史遗存保护
管理无关的设施,严禁任何不利于保护的因素进入。二是划定仙水岩崖墓
群、古越民俗村、正一观、天师墓群、天师府等景点及其景观面积为 6.59 平方
公里区域为一级保护区,区内可以安置必要的步行游览和安全防护设施,应

控制游客量,不得安排旅宿床位,严禁增设干扰性设施,严禁机动交通工具进入,严禁开展任何不利于保护的耕作、伐木等生产活动。

七、管理原则和目标

依法依规管理,加强仙水岩崖墓群及其崖体环境和丹山碧水环境的保护,防止盗掘崖墓,消除危害崖墓的生态环境隐患,防止不当旅游设施建设和旅游活动对崖墓环境的破坏,达到综合、全面、长期、有效的管理,达到保护、利用良性互动的目的。

管理责权范围与日常工作内容如下:

1. 会同公安部门严厉打击危害崖墓文物安全的盗掘、搭建等各类违法行为。

2. 全面负责文物保护规划各项内容的组织实施和监督管理。落实文物保护规划工作,包括:实施保护工程,监测崖墓的安全,及时发现并消除崖墓的安全隐患,确保崖墓得到有效的保护。

3. 建立定期巡查制度,及时发现并排除不安全因素。由专人负责监测,购置高倍望远镜等技术设备,发现异常情况应立即报告并妥善处理。

4. 保证崖墓结构安全,做好经常性保养维护工作,对可能破坏崖墓的安全隐患采取预防性措施。特别要落实实施定期日常保养。日常保养是最基本和最重要的保护手段,要制定日常保养制度,定期监测,并及时排除不安全因素,修复轻微的损伤。

5. 建立崖墓及崖体、环境、自然灾害、开放容量等监测制度,为制定保护措施提供依据。监测检查记录主要包括:"对可能发生变形、开裂、位移和损坏部位的仪器监测记录和日常直观形象记录;对消防、避雷、防洪、固坡等安全设施定期检测的记录;游人和其他社会因素对文物古迹及其环境影响的观察记录;有关的环境质量监测记录"[①]。

6. 监督建设控制地带内的建设活动,维护保护标志,不断充实文物档案。

7. 维护良好的生态环境,加强绿化的日常养护,做好道路和游人管理。

8. 制定消防、防洪等应急预案,并定期组织相关人员的培训和演习。

9. 对参观者的时间和空间分布加强管理,保证文物古迹和参观者的安全,提高参观者对文物古迹参观、体验的品质。

---

① 国际古迹遗址理事会中国国家委员会:《中国文物古迹保护准则（2015年修订）》,文物出版社,2015年,第20页。

10. 开展日常宣传教育展览工作。

八、管理措施

1. 建立和完善崖墓群文物保护行政管理和专业保护科研机构,构建长期有效的管理机构体系。鉴于仙水岩崖墓群文物的重要价值和保护工作的重要性,成立龙虎山崖墓文物保护管理委员会,由龙虎山风景名胜区管委会领导兼任其负责人,负责重大文物工作决策等和综合协调。龙虎山博物馆增挂龙虎山崖墓博物馆和龙虎山崖墓文物管理所牌子,具体开展仙水岩崖墓的保护、管理、研究和陈列、藏品等工作。

2. 完善管理制度。由崖墓所在地鹰潭市政府制订、公布仙水岩崖墓群专门保护利用法规,建立和完善《参观人员须知》等面向公众的管理制度,以及《管理人员守则》等仙水岩崖墓群文物管理机构内部各项管理制度,细化管理机构职责和各项管理工作内容,并认真落实执行。

3. 加强队伍建设。应充实、加强管理队伍和业务队伍,增加文物保护和考古方面的专业人才,同时加强安全保卫和管理方面的专业人员。

4. 加强培训和社会宣传、教育。文物保护管理和业务人员应定期接受文物保护及相关专业知识的培训,多途径宣传龙虎山仙水岩崖墓的重要价值,通过公共媒体和现场讲解等形式宣传文物保护的重要性,提高群众和社会的文物保护意识,加大对旅游单位、游客和全社会的宣传和教育,尤其要加强对青年及未成年人的知识教育,同时督促旅游单位和游客自觉遵守管理规定的要求。

5. 加强经费保障,管理和业务机构事业经费纳入政府财政预算,创造条件建立龙虎山崖墓保护基金会,鼓励社会组织和个人为保护崖墓捐资。

第八章

仙水岩崖墓群基础设施规划研究

一、道路交通设施规划

以不破坏崖墓环境为前提,沿用现有交通道路体系为主,适当提升。沿用和改善仙水岩景区入口处现有的停车场,沿用和改善国家地质公园入口;完善仙水岩的游步道体系,以新无蚊村为起点,沿泸溪河边修建游步道延伸至覆盆岩和仙岩之间的地带,直至公路;新建保驾峰崖墓分布区的游步道,一条为丰豪公路经雄咀石至猴石的游步道,一条为丰豪公路经菱湖陈家和螺丝岭延伸至保驾峰的游步道,游步道以条石、卵石为主,游步道建设不得损害崖墓及其环境;禁止在保护范围内新建车行道路,禁止在保护范围内建设缆车索道;禁止在保护范围和建设控制地带内新建停车场和大型游船码头;无蚊村对外交通的车行道路截止于无蚊村,不得向崖墓其他景区延伸。

二、给排水规划

保持泸溪河水质,保证给水水源安全卫生;近期继续沿用目前的给水系统,加强服务和管理;中远期设施改建计划不应破坏崖墓环境,应隐蔽管线,并与环境相协调。

三、雨污排放规划

采用雨污分流排放;生活污水必须经过净化处理,达到排放标准;环境绿化、灌溉用水尽量利用雨水、水塘、沟渠等地面水源;在龙虎山镇建立污水处理站,污水经过处理达到国家标准后排放或者用于灌溉、绿化;污水管沿公路、游步道、给水管异侧敷设,采用暗沟或者管道形式。

四、电力设施规划

近期改造龙虎山供电站,以满足用电需要,必须做到不破坏崖墓环境;电力线应沿公路、游步道埋地敷设,变压器应布置隐蔽,不影响崖墓环境。

五、电信设施规划

沿 206 国道、320 国道、区内公路、游步道埋地敷设电信光缆;在区内适当的位置增设移动通信基站,确保移动信号覆盖全区;在区内沿公路敷设有线电视光缆干线,并与鹰潭市有线电视联网,远期达到有线电视覆盖率100%。所有线路应埋地敷设,不对环境造成影响。

六、消防设施规划

加强龙虎山公安分局消防大队建设,增加消防器材,保证消防用水和消防通道的通畅;建立森林防火隔离带体系,重点建设植物防火林带,在合适位置种植木荷等抗火能力强的树种;添置森林防火器材,加强专业人员培训;加强森林防火监测,在重点部位设防火员控制隐患,建立灾情即发即处机制;加强宣传,增强游客和居民防火意识和基本消防技能,形成全民防火机制。

第九章
仙水岩崖墓群保护规划分期实施规划

一、近期

以仙水岩崖墓区为重点,兼顾全面。调整并公布崖墓保护范围、建设控制地带,设置保护标志和界桩;保护范围内的用地性质大部分确定或调整为文物保护用地,其余视情况确定或调整为绿地;对隐患严重的崖墓及崖体实施保护工程;清除根系侵入崖墓及其载体危害崖墓及载体的植物;进一步深入开展崖墓的调查勘探发掘,促进崖墓研究、保护、展示的真实性和完整性;整治新无蚊村、炉底杨家村与崖墓历史环境风貌冲突的建筑物;清除区内随意堆放的垃圾,在区内增设垃圾箱;治理泸溪河,每日清理河面漂浮物;完善升棺表演历史真实性,设置观景望远镜,建设完成观景移动升降台;完成部分配套服务设施的建设;完成管理机构建设,解决人员岗位和经费问题。

及时制定仙水岩崖墓群文物保护规划,呈报有关上级部门和政府批准实施。仙水岩崖墓群文物保护规划纳入龙虎山风景名胜区的国民经济和社会发展规划、龙虎山风景名胜区总体规划,并与相关规划衔接,与国家、省、市有关法律、规章及规范性文件配套实施。仙水岩崖墓群文物保护规划的具体实施与管理应由龙虎山风景名胜区管委会下设的仙水岩崖墓保护管理委员会负责,各级文物行政管理部门对仙水岩崖墓群的保护、管理、展示等情况进行监督。

二、中期

以仙水岩崖墓区和保驾峰崖墓区为重点,兼顾全面。完成隐患崖墓和崖体的加固工作；基本完成崖墓的调查和发掘工作；改造、提升龙虎山博物馆；改造、完善古越民俗村，使其风貌气氛与崖墓及其族属历史文化更加协调；建设完成保驾峰崖墓区的游步道，并对外开放；加强雄咀石、螺丝岭的绿化工作；完善交通节点的便捷通畅。

三、远期

在仙水岩、保驾峰崖墓保护工程成果基础上，以香炉峰、瑶簪石为重点，全面、深入开展各项工作。完成监测站的建设，加强对崖墓及环境的监测；完成龙虎山博物馆高水平的崖墓出土文物陈列，并实行免费开放；香炉峰、瑶簪石崖墓对外展示；改造菱湖陈家与崖墓历史环境风貌不协调的建筑物；全面完成考古发掘、整理、成果出版和深入研究工作。

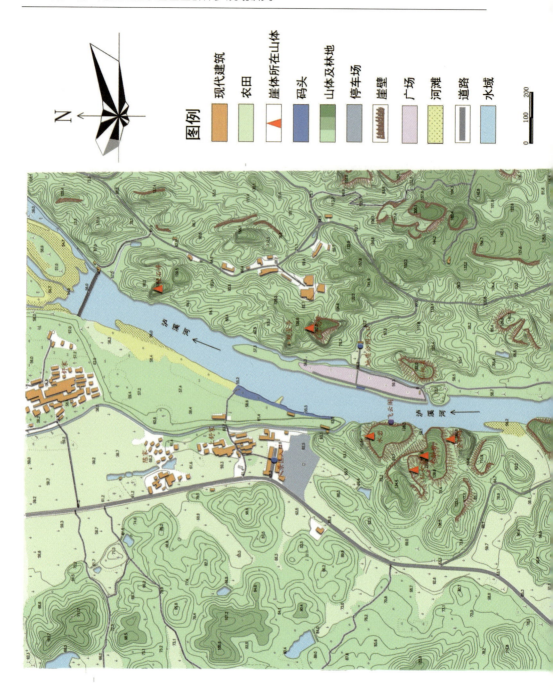

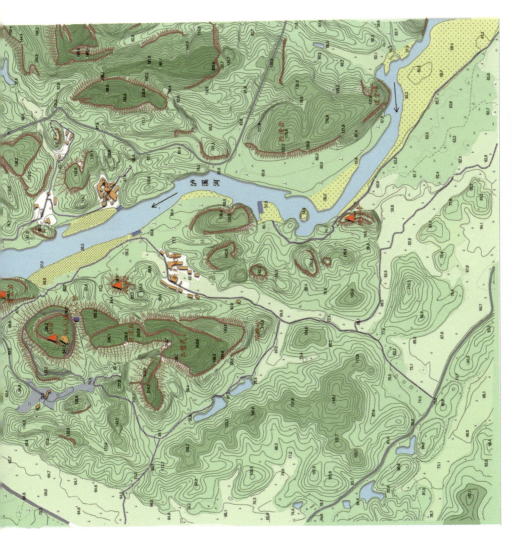

图 3-78　仙水岩崖墓区现状总平面图

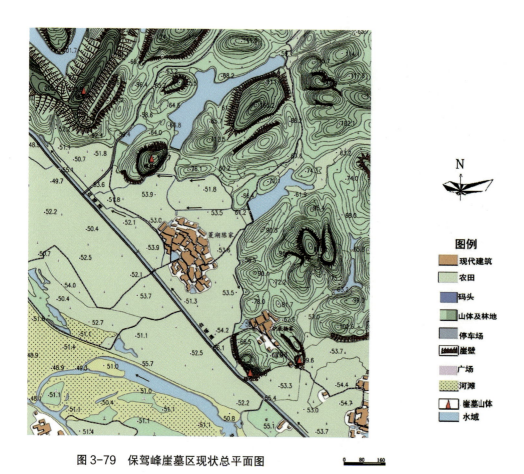

图 3-79　保驾峰崖墓区现状总平面图

图例

- 现代建筑
- 农田
- 码头
- 山体及林地
- 停车场
- 崖壁
- 广场
- 河滩
- 崖墓山体
- 水域

N

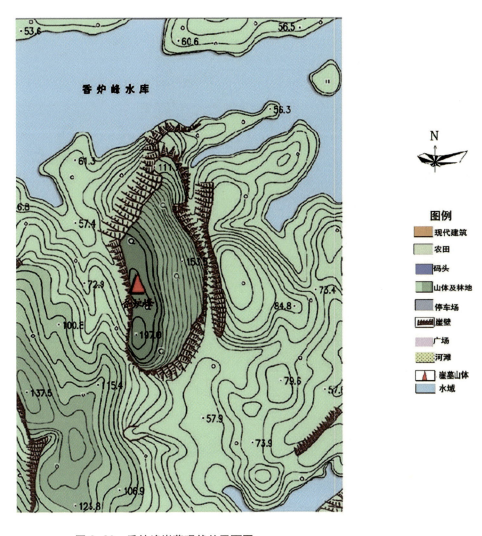

图 3-80　香炉峰崖墓现状总平面图

N

图例

现代建筑
农田
码头
山体及林地
停车场
崖壁
广场
河滩
崖墓山体
水域

0　　55　　110

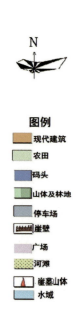

图 3-81   瑶簪石崖墓现状总平面图

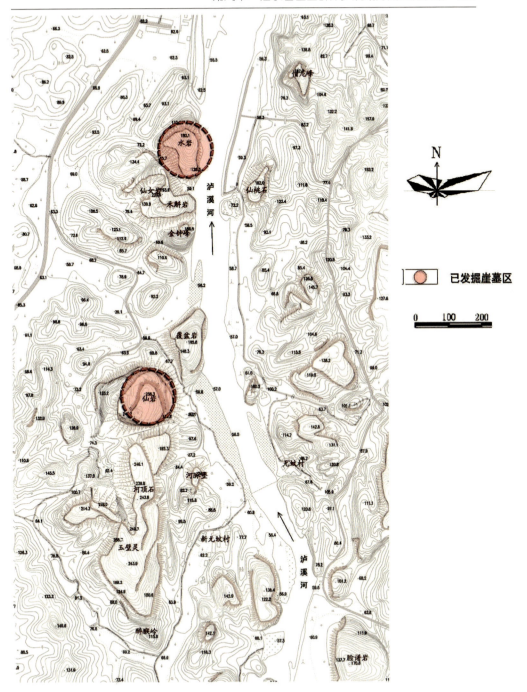

图 3-82 考古发掘现状图

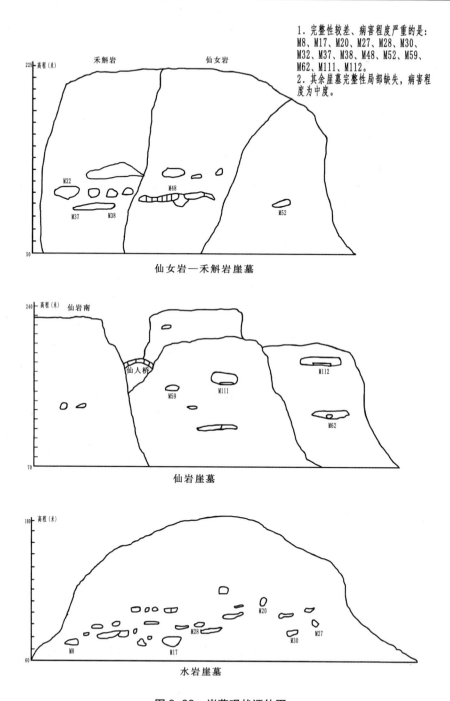

1. 完整性较差、病害程度严重的是：
M8、M17、M20、M27、M28、M30、
M32、M37、M38、M48、M52、M59、
M62、M111、M112。
2. 其余崖墓完整性局部缺失，病害程
度为中度。

仙女岩—禾斛岩崖墓

仙岩崖墓

水岩崖墓

图 3-83　崖墓现状评估图一

1. 完整性较差、病害程度严重的是：M64、M65、M66、M69、M70、M77、M79。
2. 其余崖墓完整性局部缺失，病害程度为中度。

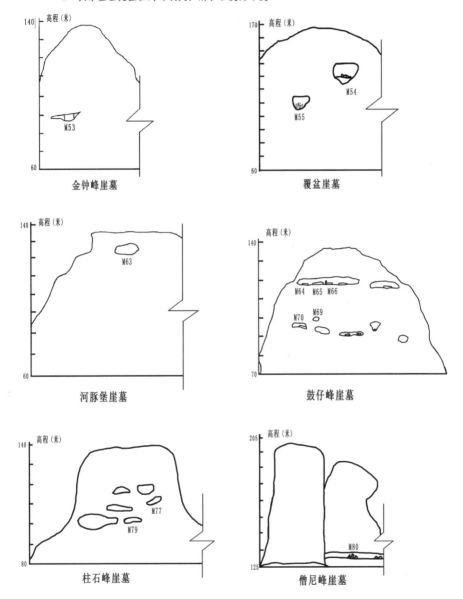

图3-84 现状评估图二

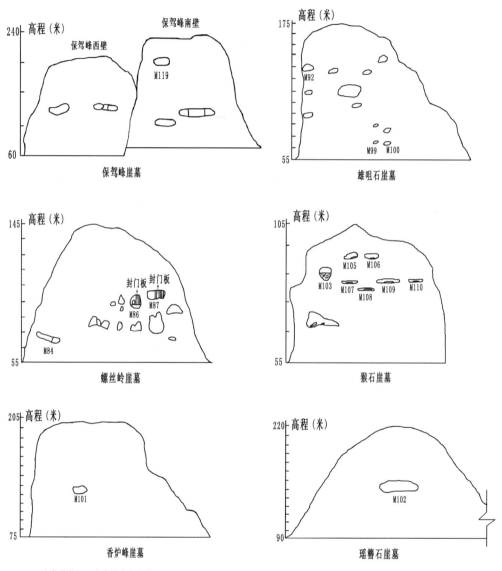

1 完整性较好、病害程度轻的是：M54、M119
2 完整性较差、病害程度严重的是：M84、M92、M96、M99、M100、M102、M105、M106、M107、M108、M109、M110、M113、M114。
3 其余崖墓完整性局部缺失，病害程度为中度。

图 3-85 现状评估图三

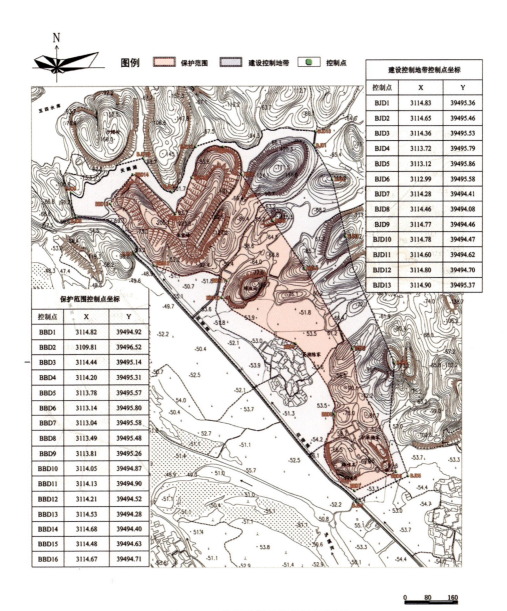

保护范围控制点坐标

控制点	X	Y
BBD1	3114.82	39494.92
BBD2	3109.81	39496.52
BBD3	3114.44	39495.14
BBD4	3114.20	39495.31
BBD5	3113.78	39495.57
BBD6	3113.14	39495.80
BBD7	3113.04	39495.58
BBD8	3113.49	39495.48
BBD9	3113.81	39495.26
BBD10	3114.05	39494.87
BBD11	3114.13	39494.90
BBD12	3114.21	39494.52
BBD13	3114.53	39494.28
BBD14	3114.68	39494.40
BBD15	3114.48	39494.63
BBD16	3114.67	39494.71

建设控制地带控制点坐标

控制点	X	Y
BJD1	3114.83	39495.36
BJD2	3114.65	39495.46
BJD3	3114.36	39495.53
BJD4	3113.72	39495.79
BJD5	3113.12	39495.86
BJD6	3112.99	39495.58
BJD7	3114.28	39494.41
BJD8	3114.46	39494.08
BJD9	3114.77	39494.46
BJD10	3114.78	39494.47
BJD11	3114.60	39494.62
BJD12	3114.80	39494.70
BJD13	3114.90	39495.37

图例　保护范围　建设控制地带　控制点

图 3-86　保驾峰崖墓区保护区划图

控制点	X	Y
XBD1	3110.04	39496.66
XBD2	3109.81	39496.52
XBD3	3109.18	39496.36
XBD4	3108.73	39496.14
XBD5	3106.72	39496.55
XBD6	3106.63	39496.68
XBD7	3110.04	39496.66
XBD8	3107.29	39496.23
XBD9	3107.55	39496.16
XBD10	3107.62	39495.94
XBD11	3108.12	39495.56
XBD12	3108.43	39495.69
XBD13	3108.60	39495.66
XBD14	3110.15	39496.36

保护范围控制点坐标

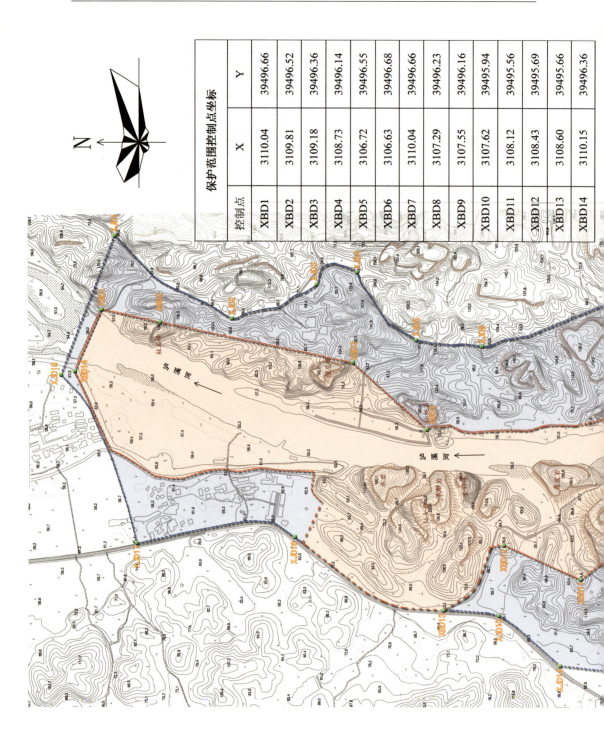

建设控制地带控制点坐标		
控制点	X	Y
XJD1	3109.99	39496.89
XJD2	3109.52	39496.57
XJD3	3109.19	39496.74
XJD4	3109.02	39496.76
XJD5	3108.78	39496.48
XJD6	3108.51	39496.46
XJD7	3107.98	39496.65
XJD8	3107.35	39496.46
XJD9	3106.55	39496.75
XJD10	3106.56	39496.20
XJD11	3106.66	39495.86
XJD12	3107.02	39495.85
XJD13	3107.68	39495.17
XJD14	3108.21	39495.22
XJD15	3108.46	39495.42
XJD16	3109.32	39495.76
XJD17	3109.89	39495.68
XJD18	3110.20	39495.35

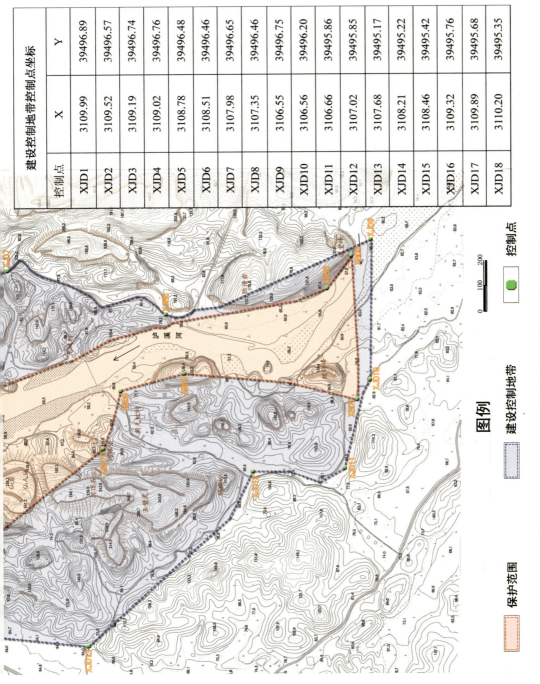

图例

0 100 200

控制点

建设控制地带

保护范围

图 3-87　仙水岩崖墓区保护区划总图

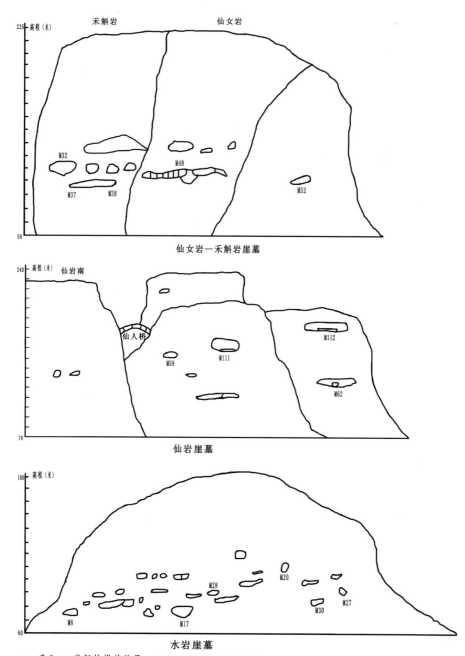

1. 采取III类保护措施的是：M8、M17、M27、M28、M30、M32、M37、M38、M48、M52、M59、M62、M111、M112。
2. 其余崖墓均采取II类保护措施。

图 3-88 崖墓保护措施图一

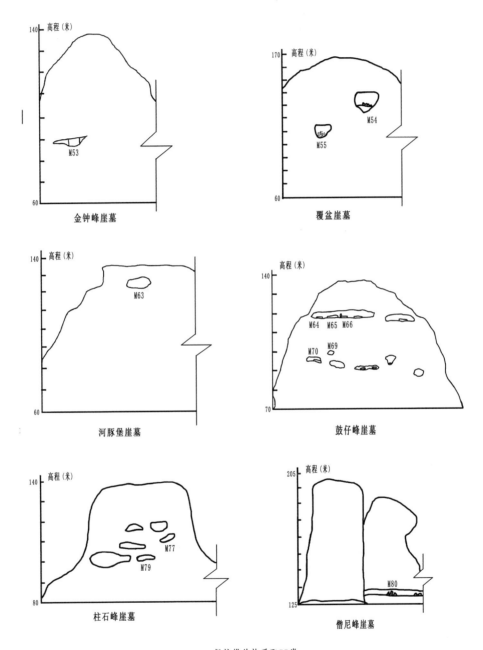

金钟峰崖墓

覆盆崖墓

河豚堡崖墓

鼓仔峰崖墓

柱石峰崖墓

僧尼峰崖墓

保护措施均采取II类。

图 3-89 崖墓保护措施图二

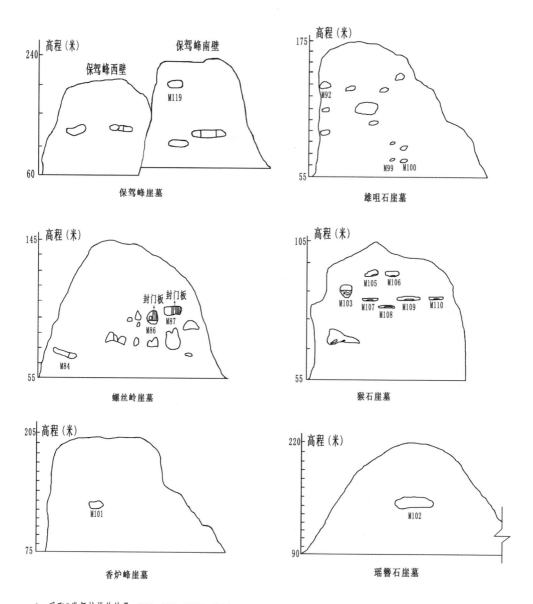

1、采取 I 类保护措施的是：M86、M87、M103、M119。
2、采取III类保护措施的是：M84、M92、M96、M99、M100、M102、M105、M106、M107、M108、M109、M110。
3、其余崖墓保护措施均采取II类。

图3-90　崖墓保护措施图三

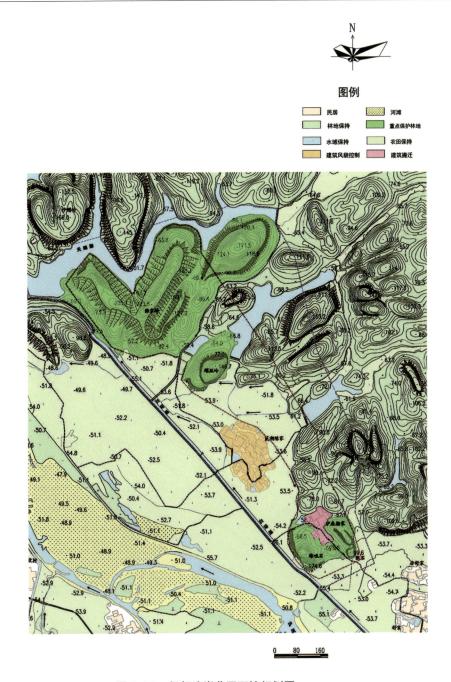

图 3-91 保驾峰崖墓区环境规划图

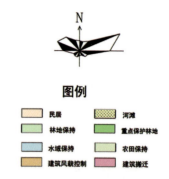

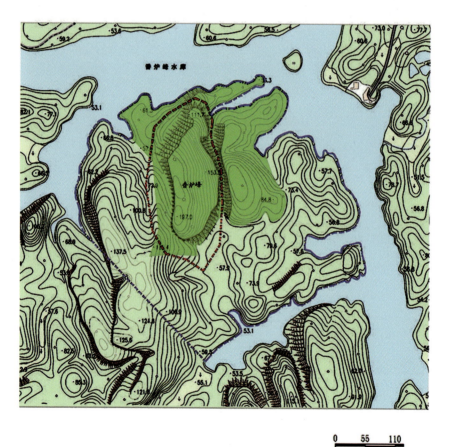

图 3-92　香炉峰崖墓环境规划图

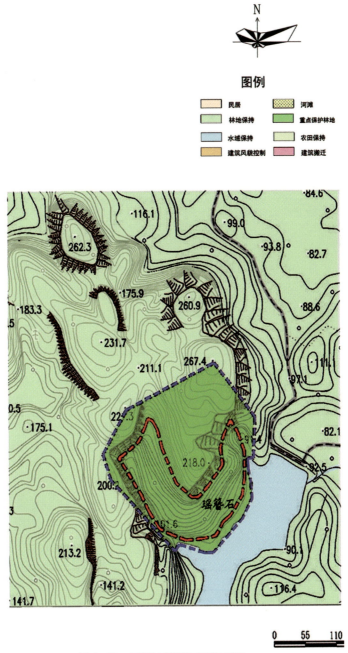

图 3-93　瑶簪石崖墓环境规划图

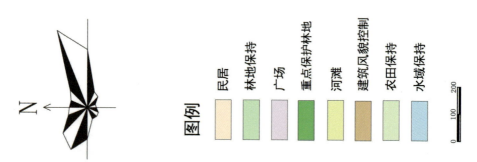

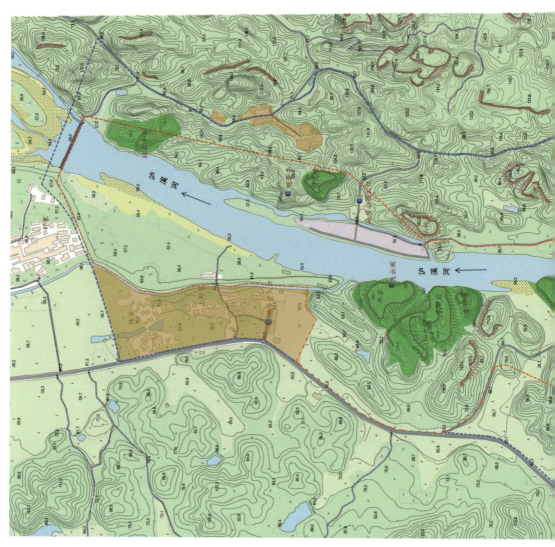

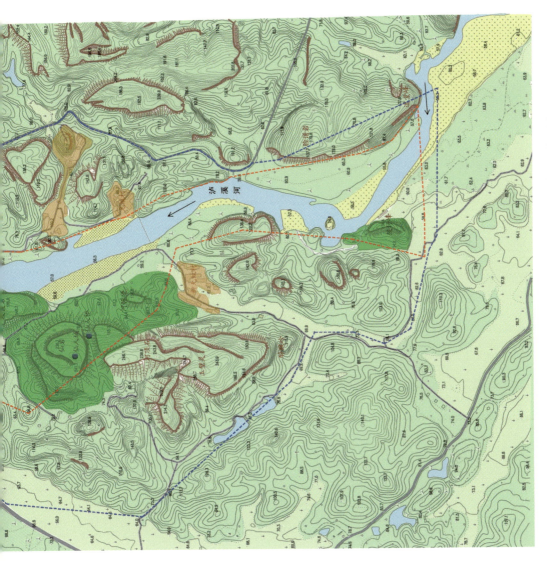

图 3-94　仙水岩崖墓区环境规划图